JN493182

고영훈 교수의

인도네시아어 회화2

고영훈 교수의

인도네시아어 회화

2

HUiNE

머리말

인도네시아에 진출한 한 기업에서 국립 인도네시아대학교 사회학과의 셀로 수마르잔(Selo Soemardjan) 교수와 필자가 이문화 이해를 주제로 특강을 한 적이 있습니다. 당시 대통령 자문교수이기도 했던 셀로 수마르잔 교수는 한국인 직원들에게 인도네시아인과 그 문화에 대하여, 필자는 인도네시아 직원들에게 한국인과 한국 문화에 대하여 이야기하였습니다. 그 때 셀로 수마르잔 교수 강의의 핵심 내용 중의 하나는 언어의 문제입니다. "인도네시아 직원들이 'Bapak'이라는 호칭으로 여러분들을 부른다면 그것은 성공적인 인도네시아 근무라고 생각해도 좋을 것입니다"라고 했습니다. 우리가 영어가 아닌 인도네시아어를 잘 구사하고 신뢰가 쌓여야 인도네시아인들이 그렇게 부를 수 있을 것입니다. 요는 인도네시아어를 유창하게 구사하는 것이 인도네시아 진출 성공의 관건이라는 취지입니다. 당연한 말입니다. 본인이 가지고 있는 상품이나 구상하는 프로젝트를 제대로 설명할 수 있어야 본인의 의지를 관철 할 수 있으니 말입니다. 실제로 인도네시아에서 성공한 사업가들을 만나보면 영어는 물론 현지어를 유창하게 구사한다는 사실을 쉽게 확인할 수 있습니다.

최근 인도네시아에 대한 관심이 더욱 증가하고 있습니다. 2억 6천만의 인구와 풍부한 자연자원을 가진 인도네시아는 매력적인 교역상대국, 투자대상국입니다. 현재 우리의 거의 모든 기업이 인도네시아와 교역을 하거나 투자하고 있습니다. 필자가 재직하고 있는 대학에서도 인도네시아학을 제2전공으로 선택하는 학생들이 인도네시아학을 제1전공으로 하는 학생수와 비슷할 정도로 늘었습니다. 격세지감을 느낄 정도입니다. 이와 같은 현상은 우리나라와 인도네시아 사이의 교류가 증진되고 있음을 반증합니다. 자원부국 인도네시아와 우리나라가 협력할 분야는 다양합니다. 우리의 기술과 자본, 인도네시아의 자원과 인구가 협력하여 시너지를 내고 있습니다. 이러한 상황에서 인도네시아어를 유창하게 구사하는 것은 매우 중요합니다.

필자는 이번에 대학에서의 25년 인도네시아어 교육 경험을 토대로 <인도네시아어 회화> 1,2 권을 출산하게 되었습니다. 그동안 말레이-인도네시아어 첫걸음, 중급 인도네시아어강독, 인도네시아어 읽기연습, 플렉스(FLEX) 인도네시아어 등의 교재와 세

권의 앱북(application book) 등의 교재를 출간하고 대학과 교육방송에서의 인도네시아어 강의 경험을 토대로 이번에 인도네시아어 회화 종이책을 펴내게 되었습니다.

이 책은 본문, 어휘공부, 문법설명, 문형연습, 반복학습, 그리고 확인학습으로 구성되어 있습니다. 본문은 여러 가지 상황을 설정하고 그 상황에 필요한 내용으로 꾸몄고 원어민의 녹음을 들어볼 수 있으며, 어휘공부에서는 본문에 사용된 어휘 및 그 파생어를 설명하되 어휘 하나의 의미가 아닌 의미 있는 단어를 묶어서, 이른바 말묶음(chunk)을 함께 학습할 수 있도록 하였습니다. 문법설명은 회화 문장을 이해하는데 필요한 기본적인 문법을 설명하였고 문형연습에서는 본문에 등장하는 주요 문형을 설명하였습니다. 그리고 언어학습의 주요 원칙인 반복학습에서는 키워드를 바꿔가며 문형을 반복적으로 연습할 수 있게 하였으며 마지막으로 확인학습에서 본인이 학습한 문장을 점검해볼 수 있습니다.

근래 인도네시아와 관련된 서적이 봇물처럼 출간되고 있습니다. 인도네시아를 조금 안다고, 인도네시아에서 몇 년 살았다고 책을 쉽게 내는 사람들이 많이 있습니다. 언어학습 관련 책도 마찬가지입니다. 이 책이 그러한 책들과 변별적인 지위를 갖기 바라며 인도네시아어를 제대로 구사해보려는 분들에게 조금이나마 도움을 줄 수 있기 바랍니다.

2018. 9

한국외대 연구실에서

고 영 훈

목차

고영훈 교수의

인도네시아어 회화

2

제1과 여행사에서 01

DI BIRO PERJALANAN

본문

Tengsoe : Selamat pagi, Ibu.
좋은 아침입니다, 부인.

Pegawai : Selamat pagi, Pak. Ada yang bisa saya bantu?
좋은 아침입니다, 선생님. 무엇을 도와드릴까요?

Tengsoe : Saya mau bertanya berapa biaya perjalanan dari Jakarta ke Singapura dan Malaysia untuk 5 hari 4 malam?
자카르타에서 싱가포르와 말레이시아를 4박 5일의 일정으로 여행하려는데 그 비용이 얼마인지 알 수 있을까요?

Pegawai : Baik, tunggu sebentar, Pak. Harganya mulai dari 550 sampai 700 dolar.
좋습니다, 잠깐만 기다리세요, 선생님. 미화 550불에서 700불 사이입니다.

Tengsoe : Tolong dirupiahkan.
루삐아로 계산해주세요.

Pegawai : Sekitar 5 sampai 6 juta rupiah.
5백만 내지 6백만 루삐아 정도 됩니다.

Tengsoe : Baik. Fasilitas apa saja yang akan saya dapat?
좋습니다. 제가 무슨 편의를 제공받게 됩니까?

Pegawai : Tiket pesawat pulang pergi, hotel bintang tiga, pemandu, dan makan tiga kali sehari.
왕복 항공권, 3성급 호텔, 가이드, 그리고 하루 세 번의 식사제공입니다.

Tengsoe : Jadi, kalau saya mau ke tempat wisata, tiketnya saya beli sendiri?
그럼, 관광지에 갈 때 입장권은 제가 삽니까?

Pegawai : Betul. Bapak, apakah ingin membuat rencana perjalanan?
맞아요. 선생님, 여행 계획을 세우시겠습니까?

Tengsoe : Iya.
예.

Pegawai : Bagaimana kalau tanggal 2 sampai 6 Februari? Bapak akan mendapatkan diskon sebesar 20%.
2월 2일부터 6일까지 어떻습니까? 20% 할인해드립니다.

Tengsoe : Baik. Saya cocok dengan tanggal itu. Saya pesan untuk empat orang.
좋습니다. 저도 그 일정이 좋습니다. 네 명 예약하겠습니다.

Pegawai : Baik. Permintaan Bapak akan saya proses. Terima kasih.
좋습니다. 선생님의 요청사항을 추진하겠습니다. 감사합니다.

Tengsoe : Terima kasih kembali.
천만에요.

어휘공부

biro 안내소, 사무소, (관청의) 국, 부
  biro perjalanan 여행사

perjalanan 여행
  perjalanan kebudayaan 문화탐방

merupiahkan 루삐아화하다

fasilitas 시설, 설비, 편의
  fasilitas umum 공공시설

pesawat 기계, 비행기
  pesawat telepon 전화기

pulang pergi 왕복
  tiket pulang pergi 왕복티켓

pemandu 안내원, 가이드
  pemandu acara 사회자
  pemandu wisata 관광가이드 (=pramuwisata)

rencana 계획

tajuk rencana (신문의) 사설

cocok 일치하는, 어울리는

Warna sepatu ini cocok dengan baju yang Anda pakai.

이 신발의 색상은 당신이 입은 옷과 어울립니다.

pesan 주문

문법설명

1 Bagaimana kalau ~

"Bagaimana kalau~"는 "~하면 어떻습니까?"라는 의미이지만 우리말 "자, ~할까요?"라는 표현으로도 적합하다.

Bagaimana kalau besok pagi?
　내일 아침은 어떻습니까?

Bagaimana kalau tidak sahur pada bulan Ramadan?
　금식월에 사후르를 하지 않으면 어떻습니까?

Bagaimana kalau kita pergi makan keluar?
　밖으로 식사하러 갈까요?

Bagaimana kalau turun di sini?
　여기서 내립시다.

Bagaimana kalau Anda ingin terus menyewa rumah itu?
　그 집을 계속 임차하는 것은 어떻습니까?

"자, ~합시다"는 "Mari kita~" 혹은 "Mari~", "Marilah~", "Ayo~"등으로 표현할 수 있다.

Mari kita istirahat di sini.
　여기에서 쉽시다.

Marilah pergi berenag ke pantai.
　해변으로 수영하러 갑시다.

Ayo, berangkat sekarang juga!
　자, 지금 출발합시다.

2 관계사 yang과 수동형의 문장

주어는 물론이고 관계사 yang 앞의 선행사가 문장 안에서 수동의 입장이면 yang 뒤에 이어지는 절도 수동형이 돼야 한다.

Anda harus memperbaiki rumah itu.
당신은 그 집을 수리해야 합니다.

Rumah itu harus Anda perbaiki.
그 집을 당신이 수리해야 합니다.

Saya sudah menderita rabun jauh.
나는 이미 근시입니다.

Rabun jauh sudah saya derita.
근시를 내가 겪고 있습니다.

Ucapan terima kasih atas pelayanan mereka pun kami ungkapkan tanpa basa-basi.
그들의 서비스에 대한 감사의 말씀을 우리가 진심으로 표했습니다.

Lebih baik ditambahkan ke tabungan guna mengurus sertifikat baru tanah yang masih Anda miliki.
당신이 아직 소유하고 있는 토지의 새로운 증명서를 처리하기 위하여 저축하는게 더 나아요.

Kidang Telangkas menempatkan beberapa orang anak buahnya yang telah dilatih sebaik-baiknya guna melawan para perampok.
끼당 뜰랑까스는 도적들에 대적하기 위하여 잘 훈련받은 몇 명의 부하를 배치했습니다.

문형연습

1. Ada yang bisa saya bantu?
   무엇을 도와드릴까요?

   Saya mau beli kemeja untuk suami saya.
   남편 셔츠를 사려고 합니다.

2. Saya mau bertanya berapa biaya perjalanan dari Jakarta ke Singapura.
   자카르타에서 싱가포르를 여행하려는데 그 비용이 얼마인지 알 수 있을까요?

   Untuk berapa orang?
   몇 명이 여행합니까?

3. Harganya berapa?
   가격이 얼마입니까?

   Harganya mulai dari 550 sampai 700 dolar.
   미화 550불에서 700불 사이입니다.

4. Tolong dirupiahkan.
   루삐아로 계산해주세요.

   Oke, terima kasih.
   예, 감사합니다.

5. Fasilitas apa saja yang akan saya dapat?
   제가 무슨 편의를 제공받게 됩니까?

   Tiket pesawat pulang pergi, hotel bintang tiga, pemandu, dan makan tiga kali sehari.
   왕복 항공권, 3성급 호텔, 가이드, 그리고 하루 세 번의 식사제공입니다.

6. Kalau saya mau ke tempat wisata, tiketnya saya beli sendiri?
관광지에 갈 때 입장권은 제가 삽니까?

Ya, betul.
예, 그렇습니다.

7. Bapak akan mendapatkan diskon sebesar 20%.
선생님은 20% 할인을 받게됩니다.

Terima kasih.
감사합니다.

8. Bagaimana jadwal itu?
그 일정이 어떻습니까?

Saya cocok dengan jadwal itu.
저도 그 일정이 좋습니다.

9. Anda mau pesan untuk berapa orang?
몇 명 예약하시겠습니까?

Saya pesan untuk empat orang.
네 명 예약하겠습니다.

10. Permintaan Bapak akan saya proses.
선생님의 요청사항을 추진하겠습니다.

Ya, terima kasih.
예, 감사합니다.

반복학습

I. Saya mau bertanya berapa biaya perjalanan dari Jakarta ke Singapura.

제가 자카르타에서 싱가포르로 여행하려는데 그 비용이 얼마인지 알 수 있을까요?

1. (Dia)

Dia mau bertanya berapa biaya perjalanan dari Jakarta ke Singapura.

그가 자카르타에서 싱가포르로 여행하려는데 그 비용이 얼마인지 알 수 있을까요?

2. (tahu)

Dia mau tahu berapa biaya perjalanan dari Jakarta ke Singapura.

그가 자카르타에서 싱가포르로 여행하려는데 그 비용이 얼마인지 알고 싶어 합니다.

3. (dari Seoul)

Dia mau tahu berapa biaya perjalanan dari Seoul ke Singapura.

그가 서울에서 싱가포르로 여행하려는데 그 비용이 얼마인지 알고 싶어 합니다.

4. (ke Bali)

Dia mau tahu berapa biaya perjalanan dari Seoul ke Bali.

그가 서울에서 발리로 여행하려는데 그 비용이 얼마인지 알고 싶어 합니다.

II. Fasilitas apa saja yang akan saya dapat?

제가 무슨 편의를 제공받게 됩니까?

1. (kemudahan)

   Kemudahan apa saja yang akan saya dapat?

   제가 무슨 편의를 제공받게 됩니까?

2. (sudah)

   Kemudahan apa saja yang sudah saya dapat?

   제가 무슨 편의를 제공받았습니까?

3. (Anda)

   Kemudahan apa saja yang sudah Anda dapat?

   당신은 무슨 편의를 제공받았습니까?

4. (perolehi)

   Kemudahan apa saja yang sudah Anda perolehi?

   당신은 무슨 편의를 제공받았습니까?

III. Kalau saya mau ke tempat wisata, tiketnya saya beli sendiri?

제가 관광지에 갈 때 입장권은 제가 삽니까?

1. (Jika)

   Jika saya mau ke tempat wisata, tiketnya saya beli sendiri?

   제가 관광지에 갈 때 입장권은 제가 삽니까?

2. (dia)

   Jika dia mau ke tempat wisata, tiketnya dia beli sendiri?

   그가 관광지에 갈 때 입장권은 그가 삽니까?

3. (museum nasional)

Jika dia mau ke museum nasional, tiketnya dia beli sendiri?
그가 국립박물관에 갈 때 입장권은 그가 삽니까?

4. (karcis)

Jika dia mau ke museum nasional, karcisnyanya dia beli sendiri?
그가 국립박물관에 갈 때 입장권은 그가 삽니까?

IV. Anda cocok dengan tanggal itu.

당신은 그 일정이 좋습니다.

1. (saya)

Saya cocok dengan tanggal itu.
저는 그 일정이 좋습니다.

2. (sesuai)

Saya sesuai dengan tanggal itu.
저는 그 일정이 좋습니다.

3. (hari)

Saya sesuai dengan hari itu.
저는 그 날이 좋습니다.

4. (tersebut)

Saya sesuai dengan hari tersebut.
저는 위에서 언급한 날이 좋습니다.

V. Permintaan Bapak akan saya proses.

선생님의 요청사항을 제가 추진하겠습니다.

1. (permohonan)

Permohonan Bapak akan saya proses.

선생님의 요청사항을 제가 추진하겠습니다.

2. (Anda)

Permohonan Anda akan saya proses.

당신의 요청사항을 제가 추진하겠습니다.

3. (sudah)

Permohonan Anda sudah saya proses.

당신의 요청사항을 제가 이미 추진하였습니다.

4. (laksanakan)

Permohonan Anda sudah saya laksanakan.

당신의 요청사항을 제가 이미 실행하였습니다.

확인학습

I. 다음 단어를 배열하여 주어진 문장을 완성하시오.

1. 무엇을 도와드릴까요?
(bisa, saya bantu, yang, ada)

2. 자카르타에서 싱가포르를 여행하려는데 그 비용이 얼마인지 알 수 있을까요?
(berapa biaya perjalanan, ke Singapura, saya, dari Jakarta, mau bertanya)

3. 미화 550불에서 700불 사이입니다.
(dari 550, mulai, harganya, sampai 700 dolar)

4. 루삐아로 계산해주세요.
(dirupiahkan, tolong)

5. 제가 무슨 편의를 제공받게 됩니까?
(apa saja, fasilitas, akan, dapat, yang, saya)

6. 관광지에 갈 때 입장권은 제가 삽니까?
(tiketnya, kalau saya, tempat wisata, mau ke, beli sendiri, saya)

7. 그럼 20% 할인해드립니다.

(sebesar 20%, bapak, mendapatkan diskon, akan)

8. 저도 그 일정이 좋습니다.

(cocok dengan, saya, tanggal itu)

9. 네 명 예약하겠습니다.

(untuk, saya, pesan, empat orang)

10. 선생님의 요청사항을 추진하겠습니다.

(Permintaan Bapak, saya, akan, proses)

제2과 병원 진료 02
PEMERIKSAAN DOKTER

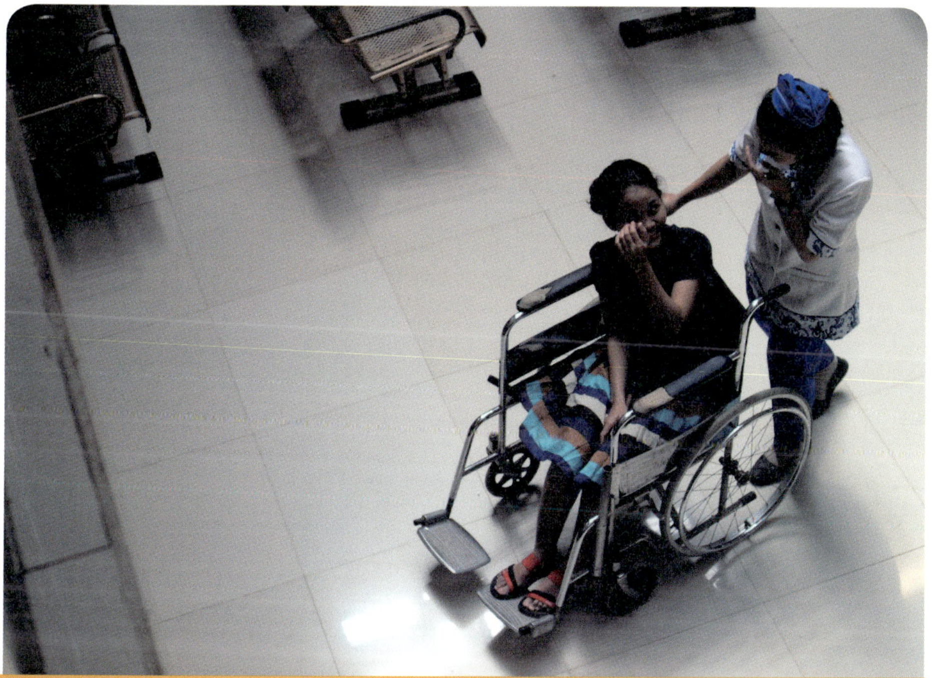

본문

Yoon Ji : Selamat sore, Dokter!
안녕하세요, 선생님!

Dokter : Selamat sore. Silakan duduk.
예, 안녕하세요. 앉으세요.

Yoon Ji : Terima kasih.
감사합니다.

Dokter : Sakit apa?
어디가 불편하세요?

Yoon Ji : Tidak tahu, Dokter. Kepala saya pusing. Perut saya mual, ingin muntah.

잘 모르겠어요, 선생님. 머리가 어지러워요. 속이 미식거리고 토할 것 같아요.

Dokter : Baik. Coba saya periksa sebentar. Oh, tidak apa-apa. Tidak serius. Tekanan darah normal. Suhu badan juga normal. Mungkin Anda kelelahan. Kurang beristirahat.

좋아요. 제가 잠깐 진찰해 볼께요. 아, 괜찮네요. 심각한 게 아니어요. 혈압도 정상입니다. 체온도 정상입니다. 아마도 지치신 것 같습니다. 휴식이 부족합니다.

Yoon Ji : Oh, begitu.

아, 그래요.

Dokter : Nah, ini resepnya. Beristirahatlah sekitar satu sampai dua hari ini. Nanti, kalau ada masalah lagi, datang ke sini.

자, 여기 처방전 있습니다. 하루 이틀 쯤 쉬어보세요. 그 후에 문제가 있으면 다시 오세요.

Yoon Ji : Baik. Terima kasih, Dokter.

좋습니다. 감사합니다, 의사 선생님.

Dokter : Terima kasih kembali. Semoga lekas sembuh.

예, 감사합니다. 빨리 회복되시기 바랍니다.

Amelia : Bagaimana Yoon Ji? Sakit apa?

윤지, 어때? 어디가 아픈거야?

Yoon Ji : Tidak terlalu serius. Hanya kurang istirahat saja.
그리 심하지는 않아. 휴식이 부족할 뿐이야.

Amelia : Syukurlah.
다행이네.

Yoon Ji : Ini resep. Ayo, kita beli obat ke apotek.
이게 처방전이야. 자, 약국으로 약 사러 가자.

Amelia : Oke.
오케이.

어휘공부

pusing 어지러운, 도는

pusing kepala 머리 아픈
  tidak ambil pusing 전혀 관심이 없는

muntah 토하다

memeriksa 조사하다, 점검하다, 진찰하다

serius 심각한, 진실로
  Saya serius melamar gadis itu. 나는 진정으로 그녀에게 청혼했다.

tekanan 압력
  tekanan darah 혈압

suhu 온도
  sunu badan 체온

mungkin 아마도
  kemungkinan besar ~할 가능성이 큰

kelelahan 지친

beristirahat 쉬다, 휴식을 취하다

sekitar 대략

syukur 감사한, 다행인

문법설명

1 피동사

양분접사 'ke-an'은 동사, 명사, 형용사에 통합되어 '당하다', '입다', '겪다'라는 의미의 피동사를 파생시킨다.

Rumah saya kemasukan pencuri tadi malam.
어제밤 우리 집에 도둑이 들었다.

Adik saya kedapatan memukul anjing itu.
내 동생이 개를 때리는 것이 발각되었다.

Dia kecurian tasnya.
그는 가방을 도둑맞았다.

Para pengungsi kelaparan sehingga bantuan perlu dipercepat.
난민들이 기아에 허덕이므로 지원을 조속히 해야 한나.

Gadis itu kedinginan karena basah kuyup kehujanan.
그 소녀는 비를 흠뻑 맞아서 추위에 떨었다.

Sepertinya dia sudah kelelahan karena tadi malam dia begadang.
그가 엊저녁에 잠을 못자서 이미 지친 듯하다.

Tengsoe menggeletak kecapaian di puncak gunung karena sudah lebih tiga jam dia mendaki gunung itu.
뗑수는 이미 세 시간 이상 등산을 했기 때문에 지쳐서 정상에서 드러누웠다.

문형연습

1. Anda sakit apa?
어디가 아픕니까?

Perut saya mual, ingin muntah.
속이 미식거리고 토할 것 같아요.

2. Saya kurang enak badan hari ini.
오늘 컨디션이 안 좋습니다.

Coba saya periksa sebentar.
제가 잠깐 진찰해 볼게요.

3. Bagaimana, Dok?
어떻습니까, 의사 선생님?

Tidak serius dan tekanan darah normal.
심각한 게 아니고 혈압도 정상입니다.

4. Mungkin Anda kelelahan karena kurang beristirahat.
아마도 당신은 휴식이 부족해서 지친 것 같습니다.

O, begitu.
아, 그래요.

5. Beristirahatlah sekitar satu sampai dua hari ini.
하루 이틀 쯤 쉬어보세요.

Oke. Terima kasih.
알겠습니다. 감사합니다.

6. Kalau ada masalah lagi, datang ke sini lagi.
또 문제가 있으면 이곳에 다시 오세요.

Baik. Terima kasih, Dokter.
좋습니다. 감사합니다, 의사 선생님.

7. Semoga lekas sembuh.
빨리 회복되시기 바랍니다.

Terima kasih, Bapak.
감사합니다, 선생님.

8. Bagaimana keadaannya?
상황이 어떻습니까?

Tidak terlalu serius.
그리 심하지는 않습니다.

9. Hanya kurang istirahat saja.
휴식이 부족할 뿐입니다.

Syukurlah.
다행이네요.

10. Ayo, kita beli obat ke apotek.
자, 약국으로 약 사러 가요.

Baik.
좋습니다.

반복학습

I. Sepertinya penyakit Anda tidak serius dan tekanan darah normal.

당신의 질병은 심각하지 않고 혈압도 정상인 것 같습니다.

1. (Kelihatannya)

Kelihatannya penyakit Anda tidak serius dan tekanan darah normal.

당신의 질병은 심각하지 않고 혈압도 정상인 것 같습니다.

2. (penyakitnya)

Kelihatannya penyakitnya tidak serius dan tekanan darah normal.

그의 질병은 심각하지 않고 혈압도 정상인 것 같습니다.

3. (parah)

Kelihatannya penyakitnya tidak parah dan tekanan darah normal.

그의 질병은 심각하지 않고 혈압도 정상인 것 같습니다.

4. (kadar gula darah)

Kelihatannya penyakitnya tidak parah dan kadar gula darah normal.

그의 질병은 심각하지 않고 혈당도 정상인 것 같습니다.

II. Mungkin Anda kelelahan karena kurang beristirahat.

아마도 당신은 휴식이 부족해서 지친 것 같습니다.

1. (barangkali)

Barangkali Anda kelelahan karena kurang beristirahat.

아마도 당신은 휴식이 부족해서 지친 것 같습니다.

2. (dia)

Barangkali dia kelelahan karena kurang beristirahat.

아마도 그는 휴식이 부족해서 지친 것 같습니다.

3. (kecapaian)

Barangkali dia kecapaian karena kurang beristirahat.

아마도 그는 휴식이 부족해서 피곤한 것 같습니다.

4. (jarang)

Barangkali dia kecapaian karena jarang beristirahat.

아마도 그는 휴식을 거의 취하지 않아서 피곤한 것 같습니다.

III. Lebih baik beristirahat sekitar satu sampai dua hari di rumah.

하루 이틀 쯤 집에서 쉬어보는 게 좋겠습니다.

1. (sebaiknya)

Sebaiknya beristirahat sekitar satu sampai dua hari di rumah.

하루 이틀 쯤 집에서 쉬어보는 게 좋겠습니다.

2. (kira-kira)

Sebaiknya beristirahat kira-kira satu sampai dua hari di rumah.

하루 이틀 쯤 집에서 쉬어보는 게 좋겠습니다.

3. (dua minggu)

Sebaiknya beristirahat kira-kira dua minggu di rumah.

하루 2주 쯤 집에서 쉬어보는 게 좋겠습니다.

4. (di hotel)

Sebaiknya beristirahat kira-kira dua minggu di hotel.

하루 2주 쯤 호텔에서 쉬어보는 게 좋겠습니다.

IV. Kalau ada masalah lagi, datang ke sini.

다시 문제가 있으면 이곳으로 오세요.

1. (Seandainya)

Seandainya ada masalah lagi, datang ke sini.

다시 문제가 있으면 이곳으로 오세요.

2. (problem)

Seandainya ada problem lagi, datang ke sini.

다시 문제가 있으면 이곳으로 오세요.

3. (berkunjung)

Seandainya ada problem lagi, berkunjung ke sini.

다시 문제가 있으면 이곳으로 오세요.

4. (sana)

Seandainya ada problem lagi, berkunjung ke sana.

다시 문제가 있으면 그곳으로 가세요.

V. Ayo, kita pergi beli obat ke apotek.

자, 우리 약국으로 약 사러 가요.

1. (Yuk)

Yuk, kita pergi beli obat ke apotek.

자, 우리 약국으로 약 사러 가요.

2. (Anda)

Yuk, Anda pergi beli obat ke apotek.

자, 당신 약국으로 약 사러 가요.

3. (tablet vitamin)

Yuk, Anda pergi beli tablet vitamin ke apotek.

자, 당신 약국으로 비타민 사러 가요.

4. (toko obat)

Yuk, Anda pergi beli tablet vitamin ke toko obat.

자, 당신 약국으로 비타민 사러 가요.

확인학습

I. 다음 단어를 배열하여 주어진 문장을 완성하시오.

1. 속이 미식거리고 토할 것 같아요.
   (mual, ingin, perut saua, muntah)

2. 제가 잠깐 진찰해 볼게요.
   (coba, periksa, sebentar, saya)

3. 심각한 게 아니고 혈압도 정상입니다.
   (dan, normal, tekanan darah, tidak serius)

4. 아마도 당신은 휴식이 부족해서 지친 것 같습니다.
   (karena, kurang beristirahat, mungkin, Anda kelelahan)

5. 하루 이틀 쯤 쉬어보세요.
   (sekitar, beristirahatlah, satu samapai, dua hari ini)

6. 문제가 있으면 다시 오세요.
   (datang, kalau ada, ke sini, masalah lagi)

7. 빨리 회복되시기 바랍니다.

(lekas, semoga, sembuh)

8. 그리 심하지는 않아.

(terlalu, tidak, serius)

9. 휴식이 부족할 뿐이야.

(hanya, istirahat saja, kurang)

10. 자, 약국으로 약 사러 가자.

(kita, beli obat, ayo, ke apotek)

제3과 금달팽이 아이맥스 영화관에서 03

DI TEATER IMAX KEONG EMAS

본문

Agga : Yoon Ji, Dong Hoon, bagaimana kalau sekarang kita menonton film saja?

윤지, 동훈, 지금 우리 영화 볼까요?

Yoon Ji : Memangnya di dalam Taman Mini ada bioskop?

그런데 따만 미니 안에 극장이 있어요?

Amelia : Di sini tidak ada bioskop. Tetapi di sini Teater Imax Keong Emas.

여기에 일반 극장은 없어요. 하지만 여기에 금달팽이 아이맥스 영화관이 있어요.

Dong Hoon : Apa itu Teater Imax Keong Emas?
금달팽이 아이맥스 영화관이 뭐지요?

Agga : Teater Keong Emas adalah tempat pemutaran film untuk memperkenalkan kekayaan alam dan kebudayaan Indonesia melalui tayangan layar raksasa dengan menggunakan kecanggihan sinematografi modern proyektor imax.
금달팽이 영화관은 아이맥스 프로젝터라는 첨단 영화기법을 사용하여 대형 화면에 인도네시아 자연과 문화의 풍요로움을 소개하는 영화를 상영하는 극장입니다.

Dong Hoon : Ada film apa saja di sana?
그곳에는 무슨 영화가 있나요?

Amelia : Di sini ada film Indonesia Indah, yang menceritakan kekayaan alam Indonesia. Selain itu juga ada film yang diimpor dari luar negeri bertemakan pendidikan, ilmu pengetahuan, dan teknologi serta lingkungan hidup.
그곳에는 '아름다운 인도네시아'라는 영화가 있는데, 인도네시아 자연의 풍요로움을 그리고 있어요. 그 이외에도 교육, 학문, 기술, 환경 문제를 다룬 외화도 있지요.

Yoon Ji : Wah, seru sekali. Hari ini ada film apa?
와, 대단하네요. 오늘은 무슨 영화인가요?

Amelia : Hari ini ada film Indonesia Indah, menceritakan perjuangan menyatukan Nusantara.

오늘은 '아름다운 인도네시아'라는 영화인데, 인도네시아 군도 통합과 관련한 투쟁을 그린 영화입니다.

Yoon Ji : Wah!

와!

Dong Hoon : Kalau begitu, ayo kita nonton. Berapa harga tiketnya?

그럼 우리 그 영화를 봐요. 입장료는 얼마인가요?

Agga : Tidak mahal. Hanya Rp.30.000.

비싸지 않아요. 3만 루삐아에 불과해요.

Yoon Ji : Ya, sudah. Kalau begitu, ayo kita ke sana.

좋아요. 됐어요, 그럼 우리 그곳으로 가요.

Semua : Ayo!

예!

어휘공부

bioskop 극장, 영화관

keong 달팽이

film 영화

memperkenalkan 소개하다

kekayaan 부, 부유함

tayangan 상영

layar 영사막, 스크린

raksasa 큰, 거대한, 대형의

kecanggihan 첨단

sinematografi 영화촬영술

bertemakan ~을 주제로 하다

lingkungan 주변, 환경
 lingkungan hidup 환경
 lingkungan hayat 생태계

seru 대단한

perjuangan 투쟁

 perjuangan kelas 계급투쟁

문법설명

1 접미사 '-kan'의 다양한 활용

접미사 -kan은 명사, 형용사, 동사와 결합하여 타동사의 기능을 갖는데 그 형태는 'ber - kan'도 있으나 대개 'me - kan'의 형태로 활용된다.

1. 'ber - kan'의 형태로 이루어진 파생어는 '~로 삼다'의 의미를 갖는다.

Kami akan menyelenggarakan seminar internasional dengan bertemakan peranan dan fungsi budaya dalam zaman globalisasi.
우리는 글로벌 시대 문화의 역할과 기능을 주제로 국제세미나를 개최합니다.

Berdasarkan para saksi, terbukti bahwa dia bersalah.
증인들에 의거 그의 잘못이 증명되었다.

2. 'me - kan'의 형태로 이루어진 파생어는 '~하게 만들다', '~로 되게 하다', '~의 원인이 되다', '~에게 ~을 해주다' 등의 의미를 가지며 전치사 'tentang'을 대신하기도 한다.

Kenaikan harga bensin mengakibatkan meningkatnya harga Sembako.
유가 인상이 9개 생필품 가격 인상을 초래했다.

Ibu saya sedang memandikan adik saya.
어머니가 동생을 목욕시킨다.

Ceramah orang itu mengantukkan saya.
그 사람의 강연이 나를 졸립게 만들었다.

Ayah saya membelikan saya baju baru.
아버지가 나에게 새 옷을 사주었다.

Adik saya membacakan nenek cerita rakyat Malin Kundang.
동생이 할머니께 민담 '말린 꾼당'을 읽어드렸다.

Mereka sedang membicarakan pembentukan panitia seminar internasional.
그들은 지금 국제 세미나 위원회 구성에 관하여 이야기하고 있다.

문형연습

1. Bagaimana kalau sekarang kita menonton film saja?
지금 우리 영화 볼까요?

Baik. Setuju.
좋아요. 동의합니다.

2. Memangnya di dalam Taman Mini ada bioskop?
그런데 따만 미니 안에 극장이 있습니까?

Setahu saya tidak ada.
제가 알기로는 없습니다.

3. Di sini tidak ada bioskop.
여기에 극장은 없습니다.

O, begitu.
아, 그래요.

4. Apa itu Teater Keong Emas?
금달팽이 영화관이 무엇입니까?

Teater Keong Emas adalah tempat pemutaran film untuk memperkenalkan kekayaan alam.
금달팽이 영화관은 인도네시아 자연의 풍요로움을 소개하는 영화를 상영하는 극장입니다.

5. Ada film apa saja di sana?
그곳에는 무슨 영화가 있습니까?

Di sini ada film Indonesia Indah, yang menceritakan kekayaan alam Indonesia.

그곳에는 '아름다운 인도네시아'라는 영화가 있는데, 인도네시아 자연의 풍요로움을 그리고 있어요.

6. Ada lagi?

또 있습니까?

Selain itu juga ada film yang diimpor dari luar negeri bertemakan pendidikan.

그 이외에도 교육 문제를 다룬 외화도 있습니다.

7. Bagaimana?

어떻습니까?

Wah, seru sekali.

와, 대단합니다.

8. Kalau begitu, ayo kita nonton film itu.

그럼 우리 그 영화를 봅시다.

Baik.

좋습니다.

9. Berapa harga tiketnya?

입장료는 얼마입니까?

Tidak mahal. Hanya Rp.30.000.

비싸지 않아요. 3만 루삐아에 불과해요.

10. Kalau begitu, ayo kita ke sana.

그럼, 우리 그곳으로 가자.

Ya, mari!

예, 그러지요.

반복학습

I. Mari, sekarang kita menonton film saja!

자, 지금 우리 영화 봅시다!

1. (bagaimana kalau)

Bagaimana kalau sekarang kita menonton film saja?

지금 우리 영화 볼까요?

2. (malam ini)

Bagaimana kalau malam ini kita menonton film saja?

오늘 저녁에 우리 영화 볼까요?

3. (kalian)

Bagaimana kalau malam ini kalian menonton film saja?

오늘 저녁에 여러분들 영화 볼까요?

4. (bermain tenis)

Bagaimana kalau malam ini kalian bermain tenis saja?

오늘 저녁에 여러분들 테니스 칠까요?

II. Memangnya di dalam Taman Mini ada bioskop?

그런데 따만 미니 안에 극장이 있습니까?

1. (ngomong-ngomong)

Ngomong-ngomong di dalam Taman Mini ada bioskop?

그런데 따만 미니 안에 극장이 있습니까?

2. (sekitar)

Ngomong-ngomong di sekitar Taman Mini ada bioskop?

그런데 따만 미니 주변에 극장이 있습니까?

3. (kampus UI)

Ngomong-ngomong di sekitar kampus UI ada bioskop?
그런데 인도네시아대학교 주변에 극장이 있습니까?

4. (toko buku)

Ngomong-ngomong di sekitar kampus UI ada toko buku?
그런데 인도네시아대학교 주변에 서점이 있습니까?

III. Di sini tidak ada bioskop mewah.

여기에 고급 극장은 없습니다.

1. (Di Depok)

Di Depok tidak ada bioskop mewah.
데뽁에 고급 극장은 없습니다.

2. (jarang ada)

Di Depok jarang ada bioskop mewah.
데뽁에 고급 극장은 거의 없습니다.

3. (hotel)

Di Depok jarang ada hotel mewah.
데뽁에 고급 호텔은 거의 없습니다.

4. (bagus-bagus)

Di Depok jarang ada hotel bagus-bagus.
데뽁에 멋진 호텔은 거의 없습니다.

IV. Sekarang ada film apa saja di sana?

지금 그곳에는 무슨 영화가 있습니까?

1. (saat ini)

Saat ini ada film apa saja di sana?

지금 그곳에는 무슨 영화가 있습니까?

2. (ditayangkan)

Saat ini ditayangkan film apa saja di sana?

지금 그곳에는 무슨 영화가 상영되고 있습니까?

3. (film Eropa)

Saat ini ditayangkan film Eropa apa saja di sana?

지금 그곳에는 무슨 유럽 영화가 상영되고 있습니까?

4. (di bioskop itu)

Saat ini ditayangkan film Eropa apa saja di bioskop itu?

지금 그 극장에는 무슨 유럽 영화가 상영되고 있습니까?

V. Selain itu juga ada film yang diimpor dari luar negeri bertemakan pendidikan.

그 이외에도 교육 문제를 다룬 외화도 있습니다.

1. (di samping itu)

Di samping itu juga ada film yang diimpor dari luar negeri bertemakan pendidikan.

그 이외에도 교육 문제를 다룬 외화도 있습니다.

2. (ada buku)

Di samping itu juga ada buku yang diimpor dari luar negeri bertemakan pendidikan.

그 이외에도 교육 문제를 다룬 외국 수입책도 있습니다.

3. (dari Jerman)

Di samping itu juga ada buku yang diimpor dari Jerman bertemakan pendidikan.

그 이외에도 교육 문제를 다룬 독일 수입책도 있습니다.

4. (kebudayaan Indonesia)

Di samping itu juga ada buku yang diimpor dari Jerman bertemakan kebudayaan Indonesia.

그 이외에도 인도네시아 문화를 다룬 독일 수입책도 있습니다.

확인학습

I. 다음 단어를 배열하여 주어진 의미가 되도록 문장을 완성하시오.

1. 지금 우리 영화 볼까요?
   (sekarang kita, bagaimana kalau, menonton film saja)

2. 그런데 따만 미니 안에 극장이 있습니까?
   (ada bioskop, di dalam Taman Mini, memangnya)

3. 여기에 극장은 없습니다.
   (tidak ada, di sini, bioskop)

4. 금달팽이 영화관은 인도네시아 자연의 풍요로움을 소개하는 영화를 상영하는 극장입니다.
   (kekayaan alam, Teater Keong Emas, pemutaran film, adalah tempat, untuk memperkenalkan)

5. 그곳에는 무슨 영화가 있습니까?
   (ada, di sana, film apa saja)

6. 그 이외에도 교육 문제를 다룬 외화도 있습니다.
   (juga ada film, dari luar negeri, yang diimpor, selain itu, bertemakan pendidikan)

7. 와, 대단합니다.

(seru sekali, wah)

8. 그럼 우리 그 영화를 봅시다.

(kita nonton, kalau begitu, ayo, film itu)

9. 입장료는 얼마입니까?

(tiketnya, berapa, harga)

10. 그럼, 우리 그곳으로 가자.

(kalau begitu, ke sana, ayo kita)

제4과 호텔 인도네시아 원형교차로에서 04

DI BUNDARAN HOTEL INDONESIA

본문

Amelia : Nah, Yoon Ji, Dong Hoon, sekarang kita sudah sampai di Bundaran HI.

자, 윤지, 동훈. 우리 이제 하이(호텔 인도네시아) 원형교차로에 도착했어요.

Yunji : Apa itu Bundaran HI?

하이 원형교차로가 뭐지요?

Amelia : Bundaran HI adalah Bundaran Hotel Indonesia karena letaknya tepat di depan Hotel Indonesia.
하이 원형교차로는 호텔 인도네시아 원형교차로인데, 왜냐하면 그 위치가 호텔 인도네시아 바로 앞이기 때문입니다.

Sassa : Oh ya. Dong Hoon, Anda tahu tidak Hotel Indonesia dibuat tahun berapa?
아, 그래요. 동훈, 당신은 호텔 인도네시아가 몇 년도에 준공되었는지 알아요, 몰라요?

Dong Hoon : Tidak. Memangnya tahun berapa?
모르겠는데요. 몇 년도이지요?

Sassa : Hotel Indonesia dibuat tahun 1962 dan diresmikan oleh presiden pertama Indonesia, yaitu Soekarno. Hotel Indonesia merupakan hotel pertama termegah yang dibangun di kawasan Asia Tenggara.
호텔 인도네시아는 1962년에 준공되었고 준공식에는 수카르노 인도네시아 초대 대통령이 참석했어요. 이 호텔은 동남아 지역에 건립된 최초의 호화 호텔입니다.

Dong Hoon : Wah, hebat sekali.
와, 대단하네요.

Yoon Ji : Amelia, kalau yang di belakang Anda itu patung apa namanya?
아멜리아, 당신 뒤에 있는 동상은 이름이 뭐예요?

Amelia : Ini adalah Monumen Selamat Datang.

이것은 환영 기념탑입니다.

Yoon Ji : Kenapa dinamakan Monumen Selamat Datang?

왜 그러한 이름을 붙였나요?

Amelia : Dulu Monumen Selamat Datang dibangun untuk menyambut tamu-tamu Asian Games ke-4 tahun 1962 di Jakarta. Nah, sekarang Monumen Selamat Datang berfungsi sebagai ucapan selamat datang di kota Jakarta.

이 동상은 1962년 자카르타에서 개최된 제4회 아시안게임의 손님들을 환영하기 위해서 세운 것입니다. 지금은 자카르타를 방문하는 사람들을 환영하는 차원이지요.

Yoon Ji : O, begitu.

아, 그래요.

Amelia : Iya.

예.

어휘공부

bundaran 원형교차로, 둥근 물건

tepat 정확히, 바로

tepat pukul enam 정각 여섯시

tepat guna 능률, 효율

meresmikan 준공하다

Gedung ini diresmikan tahun lalu. 이 건물은 작년에 완공됐다.

merupakan ~이다

Minyak tanah merupakan hasil ekspor yang penting bagi Indonesia.
석유는 인도네시아의 중요한 수출 품목이다.

megah 웅장한, 장엄한, 자랑스러운

kawasan 지역, 영역, 분야

hebat 대단한

menyambut 환영하다, 받아들이다

문법설명

1 비교의 의미로서 'Kalau'

일반적으로 접속사 'kalau'를 가정법, 즉 '만약~라면'으로 옮기면 어색할 경우가 있다. 그것은 'kalau'가 비교의 의미를 갖는 경우가 있기 때문이다.

Saya mau minum kopi, kalau Anda bagaimana?
　나는 커피를 마시려고 하는데 당신은 어떻게 하겠습니까?

Anak saya sudah bekerja, kalau anak Pak Tengsoe bagaimana?
　내 아이는 이미 취직했는데 뗑수 씨 아들은 어떻습니까?

Kalau dia, hal kenaikan gaji itu tidak perlu diperdebatkan lagi.
　그에게는 임금인상의 문제를 더 이상 논의할 필요가 없었다.

Kalau saya, perkara itu mudah saja memecahkannya.
　나에게 그 문제를 해결하는 것은 쉬운 일이다.

Kalau Jaka Tarub, aroma baju bidadari itu harum menyesakkan napas.
　자까 따룹에게 그 선녀의 옷은 너무 향기로워서 숨이 막힐 지경이었다.

문형연습

1. Posisinya di mana sekarang?
   지금 어디쯤입니까?

   Sekarang kita baru sampai di Bundaran HI.
   우리 이제 막 호텔 인도네시아 원형교차로에 도착했습니다.

2. Apa itu Bundaran HI?
   하이 교차로가 무엇입니까?

   Bundaran HI adalah Bundaran di depan Hotel Indonesia.
   하이 교차로는 호텔 인도네시아 앞에 있는 원형교차로입니다.

3. Mengapa diberi nama demikian?
   왜 그런 이름이 붙었습니까?

   Karena letaknya tepat di depan Hotel Indonesia.
   왜냐하면 그 위치가 호텔 인도네시아 바로 앞이기 때문입니다.

4. Anda tahu tidak Hotel Indonesia dibuat tahun berapa?
   당신은 호텔 인도네시아가 몇 년도에 준공되었는지 압니까, 모릅니까?

   Saya kurang tahu.
   잘 모릅니다.

5. Tidak tahu. Memangnya tahun berapa?
   모르겠는데요. 몇 년도입니까?

   Hotel Indonesia diresmikan pada tahun 1962.
   호텔 인도네시아는 1962년에 준공되었습니다.

6. Siapa yang meresmikan gedung itu?
준공식에는 누가 주빈으로 참석했습니까?

Presiden pertama Indonesia yang meresmikannya.
준공식에는 인도네시아 초대 대통령이 주빈으로 참석했습니다.

7. Hotel Indonesia merupakan hotel pertama termegah yang dibangun di kawasan Asia Tenggara.
호텔 인도네시아는 동남아 지역에 건립된 최초의 호화 호텔입니다.

O, begitu. Hebat sekali.
아, 그렇군요. 대단합니다.

8. Kalau yang di belakang Anda itu patung apa namanya?
당신 뒤에 있는 동상은 이름이 무엇입니까?

Ini adalah Monumen Selamat Datang.
이것은 환영 기념탑입니다.

9. Kenapa dinamakan Monumen Selamat Datang?
왜 환영 기념탑이라는 이름을 붙였습니까?

Karena dulu Monumen Selamat Datang dibangun untuk menyambut tamu-tamu Asian Games ke-4 tahun 1962 di Jakarta.
이 동상이 1962년 자카르타에서 개최된 제4회 아시안게임의 손님들을 환영하기 위해서 세운 것이기 때문입니다.

10. Sekarang Monumen Selamat Datang berfungsi sebagai ucapan selamat datang di kota Jakarta.

지금 환영 기념물은 자카르타를 방문하는 사람들을 환영하는 기능을 합니다.

O, begitu.

아, 그래요.

반복학습

I. Sekarang kita sudah sampai di Bundaran Hotel Indonesia.

우리는 이미 호텔 인도네시아 원형교차로에 도착했습니다.

1. (baru saja)

Baru saja kita sampai di Bundaran Hotel Indonesia.

우리는 이제 막 호텔 인도네시아 원형교차로에 도착했습니다.

2. (kalian)

Baru saja kalian sampai di Bundaran Hotel Indonesia.

당신들은 이제 막 호텔 인도네시아 원형교차로에 도착했습니다.

3. (tiba)

Baru saja kalian tiba di Bundaran Hotel Indonesia.

당신들은 이제 막 호텔 인도네시아 원형교차로에 도착했습니다.

4. (Istana Negara)

Baru saja kalian tiba di Istana Negara.

당신들은 이제 막 대통령궁에 도착했습니다.

II. Anda tahu tidak Hotel Indonesia dibuat tahun berapa?

당신은 호텔 인도네시아가 몇 년도에 준공되었는지 압니까, 모릅니까?

1. (kalian)

Kalian tahu tidak Hotel Indonesia dibuat tahun berapa?

당신들은 호텔 인도네시아가 몇 년도에 준공되었는지 압니까, 모릅니까?

2. (Monas)

Kalian tahu tidak Monas dibuat tahun berapa?

당신들은 호텔 모나스가 몇 년도에 준공되었는지 압니까, 모릅니까?

3. (diresmikan)

Kalian tahu tidak Monas diresmikan tahun berapa?

당신들은 호텔 모나스가 몇 년도에 준공되었는지 압니까, 모릅니까?

4. (oleh siapa)

Kalian tahu tidak Monas diresmikan oleh siapa?

당신들은 호텔 모나스 준공식에 참석한 주빈을 압니까, 모릅니까?

III. Tidak tahu. Memangnya gedung itu dibangun tahun berapa?

모릅니다. 그런데 그 건물은 몇 년도에 준공되었습니까?

1. (kurang)

Kurang tahu. Memangnya gedung itu dibangun tahun berapa?

모릅니다. 그런데 그 건물은 몇 년도에 준공되었습니까?

2. (ngomong-ngomong)

Kurang tahu. Ngomong-ngomong gedung itu dibangun tahun berapa?

모릅니다. 그런데 그 건물은 몇 년도에 준공되었습니까?

3. (Monas itu)

Kurang tahu. Ngomong-ngomong Monas itu dibangun tahun berapa?

모릅니다. 그런데 그 모나스는 몇 년도에 준공되었습니까?

4. (diresmikan)

Kurang tahu. Ngomong-ngomong Monas itu diresmikan tahun berapa?

모릅니다. 그런데 그 모나스는 몇 년도에 준공되었습니까?

IV. Hotel Indonesia diresmikan pada tahun 1962 oleh presiden pertama Indonesia.

1962년 호텔 인도네시아 준공식에는 인도네시아 초대 대통령이 주빈으로 참석했습니다.

1. (gedung itu)

Gedung itu diresmikan pada tahun 1962 oleh presiden pertama Indonesia.

1962년 그 건물 준공식에는 인도네시아 초대 대통령이 주빈으로 참석했습니다.

2. (didesain)

Gedung itu didesain pada tahun 1962 oleh presiden pertama Indonesia.

그 건물은 인도네시아 초대 대통령이 1962년에 설계했습니다.

3. (tahun lalu)

Gedung itu didesain pada tahun lalu oleh presiden pertama Indonesia.

그 건물은 인도네시아 초대 대통령이 작년에 설계했습니다.

4. (seorang arsitektur Indonesia)

Gedung itu didesain pada tahun lalu oleh seorang arsitektur Indonesia.

그 건물은 인도네시아 건축가가 작년에 설계했습니다.

V. Kenapa gedung itu dinamakan Patung Selamat Datang?

그 건축물은 왜 환영 기념탑이라는 이름을 붙였습니까?

1. (mengapa)

Mengapa gedung itu dinamakan Patung Selamat Datang?

그 건축물은 왜 환영 기념탑이라는 이름을 붙였습니까?

2. (monumen)

Mengapa monumen itu dinamakan Patung Selamat Datang?

그 기념물은 왜 환영 기념탑이라는 이름을 붙였습니까?

3. (disebutkan)

Mengapa monumen itu disebutkan Patung Selamat Datang?

그 기념물은 왜 환영 기념탑이라고 불립니까?

4. (Monas)

Mengapa monumen itu disebutkan Monas?

그 기념물은 왜 모나스라고 불립니까?

확인학습

I. 다음 단어를 배열하여 주어진 의미가 되도록 문장을 완성하시오.

1. 우리 이제 호텔 인도네시아 원형교차로에 도착했습니다.
   (sekarang, kita, di Bundaran HI, sudah sampai)

2. 하이 교차로가 무엇입니까?
   (apa, itu, Bundaran HI)

3. 하이 교차로는 호텔 인도네시아 원형교차로인데, 왜냐하면 그 위치가 호텔 인도네시아 앞이기 때문입니다.
   (karena letaknya, Bundaran Hotel Indonesia, Bundaran HI, adalah, tepat di depan, Hotel Indonesia)

4. 당신은 호텔 인도네시아가 몇 년도에 준공되었는지 압니까, 모릅니까?
   (Hotel Indonesia, Anda tahu tidak, dibuat tahun berapa)

5. 모르겠는데. 몇 년도입니까?
   (memangnya, tidak tahu, tahun berapa)

6. 호텔 인도네시아는 1962년에 준공되었고 준공식에는 인도네시아 초대 대통령이 참석했습니다.

(pada tahun 1962, Hotel Indonesia, diresmikan, oleh presiden pertama Indonesia)

7. 호텔 인도네시아는 동남아 지역에 건립된 최초의 호화 호텔입니다.

(merupakan, hotel pertama termegah, Hotel Indonesia, yang dibangun, di kawasan Asia Tenggara)

8. 네 뒤에 있는 동상은 이름이 뭐지?

(kalau yang, patung apa namanya, di belakang kamu itu)

9. 왜 환영 기념물이라는 이름을 붙였습니까?

(kenapa, dinamakan, Monumen Selamat Datang)

10. 지금 환영 기념물은 자카르타를 방문하는 사람들을 환영하는 기능을 합니다.

(Monumen Selamat Datang, berfungsi sebagai, sekarang, ucapan selamat datang, di kota Jakarta)

제5과 마차 타기
NAIK ANDONG

05

본문

Yoon Ji : Amelia, ayo, kita harus berkeliling Monas.
아멜리아, 자, 우리 모나스를 돌아보기로 해요.

Amelia : Baik. Tetapi, kompleks Monas sangat luas. Capai sekali jika kita berjalan kaki.
좋아요. 그런데 모나스 구역이 매우 넓어요. 걸어 다니자면 매우 지칠거에요.

Yoon Ji : Jadi bagaimana?
그럼 어떡하지요?

Amelia : Bagaimana kalau kita naik andong.
우리 안동 타고 가요.

Yoon Ji : Andong? Apa itu?
안동? 그게 뭐지요?

Amelia : Andong disebut juga delman. Itu angkutan umum yang ditarik kuda.
안동은 델만이라고도 하는데. 말이 끄는 대중교통수단입니다.

Yoon Ji : Angkutan tradisional Betawi?
버따위 지역의 전통 교통수단인가요?

Amelia : Betul. Di Yogyakarta disebut andong. Di Jakarta, disebut delman atau andong. Artinya sama saja.
맞아요. 족자에서는 안동이라고 부르지요. 자카르타에서는 델만이라고도 하고 안동이라고도 해요.

Yoon Ji : Oh begitu. Ayo, kita ke sana!
아, 그렇군요. 자, 저쪽으로 갑시다!

Amelia : Ayo!
오케!

***

Amelia : Bang, berapa sewa andongnya keliling Monas?
마차로 모나스 주위를 둘러보는데 얼마이지요, 아저씨?

Sais : Murah, Dik. Rp 20.000.
쌉니다. 2만 루삐아입니다.

Amelia : Oh, begitu. Kudanya galak tidak?

아, 그래요. 말이 사나운가요, 그렇지 않은가요?

Sais : Tenang saja. Dia jinak.

걱정 말아요. 온순합니다.

Amelia : Baiklah. Yoon Ji, Yoon Ji. Anda boleh coba jadi sais.

좋아요. 윤지, 윤지. 당신이 마부 노릇을 해 봐요.

Yoon Ji : Bang, boleh saya coba?

아저씨, 제가 그렇게 해봐도 될까요?

Sais : Boleh. Hati-hati. Tali kendalinya jangan ditarik. Kalau mau belok kiri, tali kendali yang kiri ditarik sedikit. Kalau mau belok ke kanan, tali yang kanan ditarik sedikit.

그렇게 해요. 조심하고요. 고삐를 끌어당기지 말아요. 좌회전하려면 왼쪽 고삐를 조금 당겨요. 우회전하려면 오른쪽 고삐를 조금 당겨요.

Yoon Ji : Oh, begitu. Terima kasih, Bang!

아, 그래요. 고마워요, 아저씨.

Sais : Sama-sama.

천만에요.

어휘공부

keliling 주변

duta keliling 순회대사, 무임소대사

berkeliling 돌아다니다

angkutan 수송, 운송

angkutan kota (angkot) 시내운송, 시내버스

angkutan umum 대중교통

sewa 사용료, 임대료

sewa beli 할부구매

galak 사나운

Anjingnya galak sekali. 그 개는 매우 사납다.

tenang 조용한, 평온한

Tenang saja! 진정하세요!

jinak 온순한, 길들인

sais 마부

coba ~해보다

coba pakai 입어보다

menarik 잡아당기다

tali 끈, 줄

tali kendali 고삐

문법설명

1 수동접두사 'di'를 이용한 명령형

명령형을 표시하는 방법이 다양한데 그 중 하나는 목적어가 앞에 오는 경우 수동형으로 명령형을 표시할 수 있다.

Pintunya ditutup sebelum pulang.
귀가하기 전에 문을 닫아라.

Barang itu diturunkan saja.
물건을 내려요.

Pakaian itu kotor, dicuci saja.
옷이 더러우니 빨아요.

Tas saya itu diambil saja.
내 가방 가져요.

Kue itu jangan dimakan.
그 과자 먹지 말아요.

Bayi Anda ditidurkan saja.
당신의 아이를 재워요.

문형연습

1. Kita berkeliling Monas saja.
   우리 모나스를 돌아보기로 해요.

   Capai sekali jika kita berjalan kaki.
   우리가 걸어간다면 매우 지칠 것입니다.

2. Apa itu andong?
   안동이 뭐지요?

   Itu angkutan umum yang ditarik kuda.
   그것은 말이 끄는 대중교통수단입니다.

3. Angkutan umum yang ditarik kuda itu dipanggil apa di Yogyakarta?
   말이 끄는 그 대중교통 수단을 족자에서는 무엇이라고 부릅니까?

   Di Yogyakarta disebut andong.
   족자에서는 안동이라고 부릅니다.

4. Berapa sewa andongnya keliling Monas?
   마차로 모나스 주위를 둘러보는데 얼마입니까?

   Murah. Dua puluh ribu rupiah saja.
   쌉니다. 2만 루삐아입니다.

5. Kudanya galak tidak?
   말이 사나운가요, 그렇지 않은가요?

   Sama sekali tidak galak.
   전혀 사납지 않습니다.

6. Apa kucing itu galak?
그 고양이가 사납습니까?

Tenang saja. Dia jinak.
걱정 말아요. 온순합니다.

7. Anda boleh coba jadi sais.
당신이 마부 노릇을 해 봐요.

Ya, terima kasih.
예, 감사합니다.

8. Boleh saya coba?
그렇게 해봐도 될까요?

Tentu saja boleh. Silakan.
물론 가능합니다. 한번 해보세요.

9. Tali kendalinya jangan ditarik.
고삐를 끌어당기지 말아요.

A, begitu. Terima kasih.
아, 예. 감사합니다.

10. Kalau mau belok kiri, tali kendali yang kiri ditarik sedikit.
좌회전하려면 왼쪽 고삐를 조금 당겨요.

Oke, beres.
예, 알겠습니다.

반복학습

I. Capai sekali jika kita berjalan kaki.
우리가 걸어 다니자면 매우 지칠 거예요.

1. (lelah)

   Lelah sekali jika kita berjalan kaki.
   우리가 걸어 다니자면 매우 지칠 거예요.

2. (sangat)

   Sangat lelah jika kita berjalan kaki.
   우리가 걸어 다니자면 매우 지칠 거예요.

3. (mereka)

   Sangat lelah jika mereka berjalan kaki.
   그들이 걸어 다니자면 매우 지칠 거예요.

4. (mendaki gunung)

   Sangat lelah jika mereka mendaki gunung.
   그들이 등산을 하자면 매우 지칠 거예요.

II. Itu angkutan umum yang ditarik kuda.
그것은 말이 끄는 대중교통수단입니다.

1. (ini)

   Ini angkutan umum yang ditarik kuda.
   이것은 말이 끄는 대중교통수단입니다.

2. (kendaraan)

   Ini kendaraan umum yang ditarik kuda.
   이것은 말이 끄는 대중교통수단입니다.

3. (digerakkan)

Ini kendaraan umum yang digerakkan kuda.
이것은 말이 끄는 대중교통수단입니다.

4. (kerbau)

Ini kendaraan umum yang digerakkan kerbau.
이것은 소가 끄는 대중교통수단입니다.

III. Di Yogyakarta biasanya disebut andong.

족자에서는 일반적으로 안동이라고 부릅니다.

1. (Surakarta)

Di Surakarta biasanya disebut andong.
수라까르따에서는 일반적으로 안동이라고 부릅니다.

2. (umumnya)

Di Surakarta umumnya disebut andong.
수라까르따에서는 일반적으로 안동이라고 부릅니다.

3. (dipanggil)

Di Surakarta umumnya dipanggil andong.
수라까르따에서는 일반적으로 안동이라고 부릅니다.

4. (delman)

Di Surakarta umumnya dipanggil delman.
수라까르따에서는 일반적으로 델만이라고 부릅니다.

IV. Bang, berapa sewa meminjam andong kecil itu?

아저씨, 저 작은 마차를 타는데 얼마입니까?

1. (Pak)

Pak, berapa sewa meminjam andong kecil itu?

아저씨, 저 작은 마차를 타는데 얼마입니까?

2. (biaya)

Pak, berapa biaya meminjam andong kecil itu?

아저씨, 저 작은 마차를 타는데 얼마입니까?

3. (membeli)

Pak, berapa biaya membeli andong kecil itu?

아저씨, 저 작은 마차 가격이 얼마입니까?

4. (besar)

Pak, berapa biaya membeli andong besar itu?

아저씨, 저 큰 마차 가격이 얼마입니까?

V. Kamu boleh coba jadi sais besok.

네가 내일 마부 노릇을 해 볼 수 있다.

1. (Anda)

Anda boleh coba jadi sais besok.

당신이 내일 마부 노릇을 해 볼 수 있습니다.

2. (bisa)

Anda bisa coba jadi sais besok.

당신이 내일 마부 노릇을 해 볼 수 있습니다.

3. (kusir)

Anda bisa coba jadi kusir besok.

당신이 내일 마부 노릇을 해 볼 수 있습니다.

4. (minggu depan)

Anda bisa coba jadi kusir minggu depan.

당신이 다음 주에 마부 노릇을 해 볼 수 있습니다.

확인학습

I. 다음 단어를 배열하여 주어진 의미가 되도록 문장을 완성하시오.

1. 우리가 걸어간다면 매우 지칠 것입니다.
   (jika kita, capai sekali, berjalan kaki)

2. 그것은 말이 끄는 대중교통수단입니다.
   (yang ditarik kuda, itu, angkutan umum)

3. 족자에서는 안동이라고 부릅니다.
   (disebut, di Yogyakarta, andong)

4. 마차로 모나스 주위를 둘러보는데 얼마입니까?
   (sewa andongnya, berapa, keliling Monas)

5. 말이 사나운가요, 그렇지 않은가요?
   (kudanya, tidak, galak)

6. 걱정 말아요. 온순합니다.
   (tenang saja, dia, jinak)

7. 네가 마부 노릇을 해 봐.

(boleh coba, kamu, jadi sais)

8. 그렇게 해봐도 될까요?

(saya, boleh, coba)

9. 고삐를 끌어당기지 말아요.

(jangan, ditarik, tali kendalinya)

10. 좌회전하려면 왼쪽 고삐를 조금 당겨요.

(kalau mau, tali kendali, yang kiri, belok kiri, ditarik sedikit)

제6과 편의점에 들르다

MAMPIR DI TOKO SWALAYAN

06

본문

Amelia : Yoon Ji, bagaimana kalau habis ini kita mampir dulu di toko swalayan?

윤지, 이 이후에 우리 편의점에 먼저 들를까요?

Yoon Ji : Ya, boleh. Memang mau membeli apa?

좋아요. 그런데 무엇을 사려고요?

Amelia : Saya mau membeli oleh-oleh untuk kakek dan nenek.

할아버지와 할머니께 드릴 선물을 사려고 해요.

Yoon Ji : Oh, begitu. Mereka tinggal di mana?
아, 그래요. 그분들은 어디 사시지요?

Amelia : Mereka tinggal di Bogor. Tidak jauh dari Kebun Raya.
보고르에 사셔요. 보고르 식물원에서 멀지 않아요.

Yoon Ji : Oh, baiklah. Jadi, sebelum pulang kita mampir dulu di Bogor.
좋아요. 그럼, 이따 집에 가기 전에 보고르 식물원에 먼저 들려요.

Amelia : Iya, kita bertemu kakek dan nenekku dulu.
그래요. 할아버지와 할머니 먼저 뵈어요.

Yoon Ji : Oke.
오케이.

***

Kasir Toko : Sudah, barang-barang ini saja?
이 물건을 사시려고요?

Amelia : Iya, ini saja.
예, 그래요.

Kasir Toko : Mau membayar dengan kartu kredit atau membayar kontan?
신용카드로 지불합니까, 아니면 현금으로 지불합니까?

Amelia : Saya bayar pakai kartu kredit saja.
신용카드로 할께요.

Kasir Toko : Terima kasih.

감사합니다.

Amelia : Terima kasih kembali.

천만에요.

***

Sassa : Sudah selesai membeli oleh-olehnya?

선물 다 산거예요?

Amelia : Iya, sudah. Saya tidak beli banyak. Hanya membeli kue dan kopi untuk kakek dan nenek.

그래요, 샀어요. 많이 사지는 않았어요. 할아버지와 할머니 드리려고 과자와 커피를 샀어요.

Sassa : Tidak ada yang perlu dibeli lagi?

더 살 것은 없어요?

Amelia : Tidak. Ayo kita pergi ke rumah kakek dan nenek!

없어요. 자 할아버지 댁으로 가요!

Sassa : Ayo!

그래요!

어휘공부

habis ~이후에, 마지막, 다 떨어지다

Habis manis, sepah dibuang. 토사구팽

mampir 들르다

dulu 우선, 먼저

Makan siang dulu. 점심 식사부터 해요.

Tunggu dulu! 잠깐만요!

oleh-oleh 선물 (=buah tangan)

toko swalayan 편의점

jauh 먼, 훨씬

Jauh di mata, dekat di hati. 몸은 멀리 있어도 마음은 가까이.

jauh lebih besar 훨씬 더 큰

pulang 귀가하다, 귀국하다

pulang pergi 왕복

kontan 현금

membayar kontan 현금으로 지불하다

kartu 카드

kartu kredit 신용카드

문법설명

1 위치에 따라서 기능과 의미가 달라지는 어휘들

특정한 어휘는 문장 내에서의 위치와 기능에 따라 그 의미가 달라진다.

1. dulu

문장 앞에 위치할 때는 '전에', '이전에' 문장 뒤에 위치할 때는 대개 '우선', '먼저'의 의미를 갖는다.

Dulu pernah juga orang yang tidak salah pun dihukum.
전에는 잘못한 것이 없는 사람이 벌을 받은 적이 있다.

Dia mengerjakan pekerjaan rumah dulu sebelum tidur.
그는 자기 전에 과제를 먼저 했다.

2. begitu

접속사로 쓰일 때는 '~하자마자', 부사어로 쓰일 때는 '매우' 또는 '그렇게'의 의미를 갖는다.

Begitu dia muncul, para wartawan mengerumuninya.
그가 나타나자마자 기자들이 그에게 몰려들었다.

Begitu dibayar, langsung boleh dibawa.
지불하는대로 곧장 가져갈 수 있다.

Wanita itu begitu cantik dan awet muda, maka teman saya jatuh cinta padanya.
그 여성은 매우 아름답고 젊어서 내 친구가 그녀에게 사랑에 빠졌다.

Kalau begitu, saya akan datang lagi besok.
만약 그렇다면 내일 다시 오겠습니다.

3. mengingat, melihat

'mengingat' 이나 'melihat' 등의 동사 안에 특정한 접속사가 포함되어있는 것으로 간주하고 우리말로 옮겨야될 때가 있다.

Mengingat kami harus berangkat pagi-pagi keesokan harinya, kami sudah mengepak barang sejak malam sebelumnya.

우리가 다음날 아침 일찍 출발해야 했으므로 우리는 전날 밤에 이미 짐을 쌌다.

Jangan hanya mengingat kepentingan dirimu saja!

자신의 이익만을 생각하지 마라!

Melihat hasil kerja Sang Kuriang yang dibantu kawan-kawannya, cemaslah Dayang Sumbi.

동료들의 도움을 받은 상 꾸리앙의 작업 성과를 보고 다양 숨비는 초조했다.

Kepala desa melihat rakyatnya membersihkan selokan.

촌장은 주민들이 하수구를 청소하는 것을 보았다.

4. akan

명사 앞에서 전치사로 쓰이면 '~에 관한', '~을 위한', 동사 앞에서 조동사의 역할을 하면 '~할 예정인'의 이미를 갖는다.

Akan harta peninggalan orang tuanya itu tidak dipirkannya lagi.

보모님의 유산에 대하여 그는 더 이상 생각하지 않았다.

Uang ini dapat kaupakai akan pembayaran utangmu.

이 돈을 너의 채무를 변제하는데 사용할 수 있다.

Dia akan menikah tahun depan.

그는 내년에 결혼합니다.

5. demi

접속사로 쓰일 때는 '~하자마자', 부사어로 쓰일 때는 '~을 위하여'의 의미를 갖는다.

Ia berteriak kegirangan demi mendapati namanya tercantum di papan pengumuman.

자신의 이름이 게시판에 포함된 것을 발견하고 그는 기뻐서 소리쳤다.

Ayah saya menghentikan kebiasaan merokok demi kesehatannya.

나의 아버지는 건강을 위하여 담배를 끊었다.

6. lagi

일반적으로 '다시', '재차', '그리고'의 의미를 갖지만, 동사 앞에 쓰이면 '~하는 중인'의 의미를 갖는다.

Sampai jumpa lagi!

또 만나요!

Walaupun sudah menonton film itu kemarin, sekarang saya ingin menonton lagi.

어제 그 영화를 보았지만 지금 또 보고 싶습니다.

Calon istrinya muda, cantik, lagi kaya.

그의 아내 될 사람은 젊고, 예쁘고, 부자이기도 합니다.

Jangan berisik, ayah lagi tidur.

시끄럽게 하지 마라, 아버지 아직 주무신다.

Adik saya lagi makan.

내 동생은 아직 식사중이다.

문형연습

1. Bagaimana kalau habis ini kita mampir dulu di toko swalayan?
   이것을 마치고 우리 편의점에 먼저 들를까요?

   Ya, boleh.
   예, 그리 합시다.

2. Memang mau membeli apa?
   그런데 무엇을 사려고요?

   Saya mau beli oleh-oleh untuk adik saya.
   동생에게 줄 선물을 사려고요.

3. Anda mau beli apa?
   무엇을 사려고요?

   Saya mau membeli oleh-oleh untuk kakek dan nenek.
   할아버지와 할머니께 드릴 선물을 사려고 합니다.

4. Mereka tinggal di mana sekarang?
   그들은 지금 어디에 삽니까?

   Mereka tinggal di Bojong Gede.
   그들은 보종 그데에 삽니다.

5. Apa rumah mereka jauh dari Kebun Raya Bogor?
   그들의 집은 보고르 식물원에서 멉니까?

   Rumah mereka tidak jauh dari Kebun Raya Bogor.
   그들의 집은 보고르 식물원에서 멀지 않습니다.

6. Jadi, sebelum pulang kita mampir dulu di Bogor.
그럼, 이따 집에 가기 전에 우리 보고르 식물원에 먼저 들릅시다.

Boleh.
예.

7. Mau membayar dengan kartu kredit atau membayar kontan?
신용카드로 지불합니까, 아니면 현금으로 지불합니까?

Saya mau membayar kontan.
현금으로 지불하겠습니다.

8. Saya bayar pakai kartu kredit saja.
신용카드로 지불할게요.

Tidak ada masalah.
예, 문제 없습니다.

9. Sudah selesai membeli oleh-olehnya?
선물 다 샀습니까?

Iya, sudah.
예, 다 샀습니다.

10. Tidak ada yang perlu dibeli lagi?
더 살 것은 없습니까?

Tidak ada lagi.
예, 없습니다.

반복학습

I. Bagaimana kalau habis ini kita mampir dulu di toko swalayan?

이것을 마치고 우리 편의점에 먼저 들를까요?

1. (setelah ini)

Bagaimana kalau setelah ini kita mampir dulu di toko swalayan?

이것을 마치고 우리 편의점에 먼저 들를까요?

2. (Anda)

Bagaimana kalau setelah ini Anda mampir dulu di toko swalayan?

이것을 마치고 당신 편의점에 먼저 들르겠어요?

3. (singgah)

Bagaimana kalau setelah ini Anda singgah dulu di toko swalayan?

이것을 마치고 당신 편의점에 먼저 들르겠어요?

4. (kantor pos)

Bagaimana kalau setelah ini Anda singgah dulu di kantor pos?

이것을 마치고 당신 우체국에 먼저 들르겠어요?

II. Memangnya Anda mau membeli apa?

그런데 당신 무엇을 사려고요?

1. (Ngomong-ngomong)

Ngomong-ngomong Anda mau membeli apa?

그런데 당신 무엇을 사려고요?

2. (kalian)

Ngomong-ngomong kalian mau membeli apa?
그런데 당신들 무엇을 사려고요?

3. (akan)

Ngomong-ngomong kalian akan membeli apa?
그런데 당신들 무엇을 사려고요?

4. (memesan)

Ngomong-ngomong kalian akan memesan apa?
그런데 당신들 무엇을 주문하려고요?

III. Dia mau membeli oleh-oleh untuk kakek nanti malam.

그는 오늘 저녁에 할아버지께 드릴 선물을 사려고 한다.

1. (saya)

Saya mau membeli oleh-oleh untuk kakek nanti malam.
나는 오늘 저녁에 할아버지께 드릴 선물을 사려고 한다.

2. (kado)

Saya mau membeli kado untuk kakek nanti malam.
나는 오늘 저녁에 할아버지께 드릴 선물을 사려고 한다.

3. (nenek)

Saya mau membeli kado untuk nenek nanti malam.
나는 오늘 저녁에 할머니께 드릴 선물을 사려고 한다.

4. (malam ini)

Saya mau membeli kado untuk nenek malam ini.
나는 오늘 저녁에 할머니께 드릴 선물을 사려고 한다.

IV. Kebun mereka di Bogor tidak jauh dari Kebun Raya.

보고르에 있는 그들의 농장은 보고르 식물원에서 멀지 않습니다.

1. (rumah)

   Rumah mereka di Bogor tidak jauh dari Kebun Raya.

   보고르에 있는 그들의 집은 보고르 식물원에서 멀지 않습니다.

2. (saya)

   Rumah saya di Bogor tidak jauh dari Kebun Raya Bogor.

   보고르에 있는 나의 집은 보고르 식물원에서 멀지 않습니다.

3. (di Bojong Gede)

   Rumah saya di Bojong Gede tidak jauh dari Kebun Raya Bogor.

   보종그데에 있는 나의 집은 보고르 식물원에서 멀지 않습니다.

4. (Puncak)

   Rumah saya di Bojong Gede tidak jauh dari Puncak.

   보종그데에 있는 나의 집은 뿐짝에서 멀지 않습니다.

V. Jadi, sebelum pulang kita mampir dulu di Bogor.

그럼 이따 집에 가기 전에 우리 보고르에 먼저 들릅시다.

1. (maka)

   Maka, sebelum pulang kita mampir dulu di Bogor.

   그럼 이따 집에 가기 전에 우리 보고르에 먼저 들릅시다.

2. (ke Jakarta)

   Maka, sebelum ke Jakarta kita mampir dulu di Bogor.

   그럼 이따 자카르타에 가기 전에 우리 보고르에 먼저 들릅시다.

3. (kalian)

Maka, sebelum ke Jakarta kalian mampir dulu di Bogor.

그럼 이때 자카르타에 가기 전에 당신들은 보고르에 먼저 들릅니다.

4. (singgah)

Maka, sebelum ke Jakarta kalian singgah dulu di Bogor.

그럼 이때 자카르타에 가기 전에 당신들은 보고르에 먼저 들릅니다.

확인학습

I. 다음 단어를 배열하여 주어진 의미가 되도록 문장을 완성하시오.

1. 이 다음에 우리 편의점에 들를까요?
   (habis ini, kita mampir dulu, bagaimana kalau, di toko swalayan)

2. 그런데 무엇을 사려고요?
   (mau membeli, memang, apa)

3. 할아버지와 할머니께 드릴 선물을 사려고 합니다.
   (saya mau, untuk kakek dan nenek, membeli oleh-oleh)

4. 그들은 지금 어디에 삽니까?
   (tinggal, di mana, mereka, sekarang)

5. 그들의 집은 보고르 식물원에서 멀지 않습니다.
   (dari Kebun Raya Bogor, rumah mereka, tidak jauh)

6. 그럼, 이따 집에 가기 전에 보고르 식물원에 들릅시다.
   (jadi, kita mampir dulu, sebelum pulang, di Bogor)

7. 신용카드로 지불합니까, 아니면 현금으로 지불합니까?

(mau membayar, dengan kartu kredit, atau membayar kontan)

8. 신용카드로 지불할께요.

(aku bayar, kartu kredit saja, pakai)

9. 선물 다 샀습니까?

(selesai membeli, sudah, oleh-olehnya)

10. 더 살 것은 없습니까?

(tidak ada, dibeli lagi, yang perlu)

제7과 바띡 무역

DAGANG BATIK

07

본문

Manajer : Selamat siang, Mr. Chang.
안녕하세요, 장 사장님.

Mr Chang : 안녕하세요?

Penerjemah : Selamat siang.

Manajer : Saya Amelia. Saya adalah manajer dari Perusahaan Batik Kencana di Pekalongan. Hari ini saya membawa beberapa contoh baju batik yang akan diekspor ke Korea.

저는 아멜리아입니다. 저는 빼깔롱안의 바 끈짜나 사의 매니저입니다. 오늘 한국으로 수출할 바띡 의류 샘플을 몇 장 가지고 왔습니다.

Mr Chang : 아, 멋지네요. 저는 바띡을 좋아하고 한국 사람들도 바띡을 좋아할 것으로 확신합니다.

Penerjemah : Wah, bagus-bagus. Saya sangat menyukai batik dan saya yakin masyarakat Korea juga akan menyukainya.

Manajer : Wah, saya sangat senang mendengarnya. Jadi kapan batik-batik dari Pekalongan ini bisa mulai diekspor ke Korea?

와, 그 소리를 들으니 참 좋습니다. 그럼 이 빼깔롱안 바띡을 언제 한국으로 수출할 수 있을까요?

Mr Chang : 바로 할 수 있습니다. 2월 초가 좋을 것 같습니다.

Penerjemah : Secepatnya. Saya pikir awal Februari adalah waktu yang tepat untuk memulai bisnis ini.

Manajer : Baik. Jadi berapa potong pakaian batik untuk pengiriman pertama?

좋습니다. 그럼, 초기 배송 물량으로 얼마나 준비할까요?

Mr Chang : 우선 10,000장을 주문하겠습니다.

Penerjemah : Saya kira sepuluh ribu potong baju batik bagus untuk memulai bisnis ini.

Manajer : Baik. Saya akan mengirimkan sepuluh ribu potong pakaian batik untuk pria dan wanita dengan berbagai motif dan ukuran. Terima kasih, Mr Chang. Semoga bisnis kita berjalan dengan lancar.

좋습니다. 제가 다양한 문양과 치수의 남녀 바띡 만 장을 보내드리겠습니다. 감사합니다, 장 사장님. 우리 사업이 잘 되기를 희망합니다.

Mr Chang : 좋아요. 저도 그렇게 되기를 바라겠습니다.

Penerjemah : Betul. Itulah harapan kita.

Manajer : Sampai bertemu, Mr. Chang.

또 만나시지요, 장 사장님.

Mr Chang : 예, 또 만나요.

Penerjemah : Sampai bertemu lagi!

어휘공부

membawa 가져오다

membawa hati 마음을 털어놓다

membawa lagu 노래를 부르다

contoh 샘플, 예

menyukai 좋아하다

yakin 확신하다

Hakim yakin akan kesalahan terdakwa itu.

판사는 피고인의 잘못을 확신했다.

masyarakat 사회, 주민

masyarakat madani 시민사회, 문명사회

tepat 정확한

potong (수량사로서) 장, 조각

dua potong roti 빵 두 조각

berbagai 다양한, 여럿의

motif 문양

semoga ~하기를 바라다

Semoga lekas sembuh. 쾌유를 빕니다.

lancar 원활한, 유창한

문법설명

1 <접미사 -i>의 활용

<접미사 -i>는 명사, 형용사, 동사와 결합하여 타동사의 기능을 갖는데 그 형태는 대개 <me -i> 의 형태로 활용된다. 그 의미는 대개 다음과 같이 분류할 수 있다.

1. 동사와 결합하여 장소를 나타내는 전치사를 대신한다.

Adik saya menduduki lantai.
내 동생이 마루에 앉았다.

Hasan memasuki kamarnya sesudah makan malam.
저녁 식사 후에 하산은 그의 방으로 들어갔다.

2. 명사와 결합하여 <주다>의 의미를 표시한다.

Ibu saya melayani para tamu dengan baik.
나의 어머니는 손님들을 잘 접대했다.

Dokter menasehati pasiennya.
의사 선생님이 환자에게 충고했다.

3. <수차례>, <여러 번>, 또는 <다수에 의한 행동>의 의미를 나타낸다.

Dia memukuli anjing itu.
그는 그 개를 마구 때렸다.

Wartawan mengerumuni Menteri Luar Negeri yang baru tiba dari Jakarta.
기자들이 자카르타에서 막 도착한 외교부장관에게 몰려들었다.

4. 형용사와 결합하여 <~이 되게 만들다>의 의미를 갖는다.

Kita tidak akan mengurangi kewaspadaan kita.
우리는 우리의 경계심을 늦춰서는 안 된다.

* <접미사 -i>는 이 이외에도 여러 가지 의미를 가질 수 있다. 이러한 파생어의 기능을 분류하고 암기하기 보다는 다양한 파생어를 개별 어휘로 생각하고 그 의미를 숙지하는 것이 오히려 효과적이다.

문형연습

1. Saya adalah manajer dari Perusahaan Batik Kencana di Pekalongan.
   저는 뻐깔롱안의 바띡끈짜나사의 매니저입니다.

   Saya senang berkenalan dengan Anda.
   뵙게 되어서 반갑습니다.

2. Hari ini saya membawa beberapa contoh baju batik yang akan diekspor ke Korea.
   저는 오늘 한국으로 수출할 바띡 의류 샘플을 몇 장 가지고 왔습니다.

   Wah, semua bagus-bagus. Saya sangat menyukai batik.
   와, 모두 멋지네요. 저는 바띡을 좋아합니다.

3. Saya yakin masyarakat Korea juga akan menyukainya.
   한국 사람들도 바띡을 좋아할 것으로 확신합니다.

   Terima kasih.
   감사합니다.

4. Saya sangat senang mendengarnya.
   그 소리를 들으니 참 좋습니다.

   Saya juga demikian.
   저도 역시 그렇습니다.

5. Kapan batik-batik dari Pekalongan ini bisa mulai diekspor ke Korea?
이 뻐깔롱안 바띡을 언제 한국으로 수출할 수 있을까요?

Saya kira mulai bulan depan.
저는 다음 달이 좋다고 생각합니다.

6. Saya pikir awal Februari adalah waktu yang tepat untuk memulai bisnis ini.
이 사업을 시작하기에는 2월 초가 좋다고 생각합니다.

Saya setuju sekali.
저도 매우 찬성입니다.

7. Jadi, berapa potong pakaian batik untuk pengiriman pertama?
그럼, 초기 배송 물량으로 바띡을 얼마나 준비할까요?

Saya kira sepuluh ribu potong baju batik bagus untuk memulai bisnis ini.
제 생각에는 초기 물량으로 양질의 바띡 만 장이 좋겠습니다.

8. Saya akan mengirimkan sepuluh ribu potong pakaian batik untuk pria dan wanita dengan berbagai motif dan ukuran.
제가 다양한 문양과 치수의 남녀 바띡 만 장을 보내드리겠습니다.

Oke, terima kaish.
예, 감사합니다.

9. Semoga bisnis kita berjalan dengan lancar.
우리 사업이 잘 되기를 희망합니다.

Demikian harapan saya juga.
제 희망도 그렇습니다.

10. Itulah harapan kita.
그것이 우리의 바램입니다.

Ya, sampai jumpa lagi.
에, 또 보십시다.

반복학습

I. Saya adalah manajer dari Perusahaan Batik Kencana di Pekalongan.

저는 뻐깔롱안의 바띡끈짜나 회사 매니저입니다.

1. (dia)

Dia adalah manajer dari Perusahaan Batik Kencana di Pekalongan.

그는 뻐깔롱안의 바띡끈짜나 회사 매니저입니다.

2. (presiden direktur)

Dia adalah presiden direktur dari Perusahaan Batik Kencana di Pekalongan.

그는 뻐깔롱안의 바띡끈짜나 회사 대표이사입니다.

3. (PT. Spotec)

Dia adalah presiden direktur dari PT. Spotec di Pekalongan.

그는 뻐깔롱안의 스포텍 회사 대표이사입니다.

4. (di Jakarta)

Dia adalah presiden direktur dari PT. Spotec di Jakarta.

그는 자카르타의 스포텍 회사 대표이사입니다.

II. Hari ini saya membawa beberapa contoh baju batik yang akan diekspor ke Korea.

저는 오늘 한국으로 수출할 바띡 의류 샘플을 몇 장 가지고 왔습니다.

1. (kemarin)

   Kemarin saya membawa beberapa contoh baju batik yang akan diekspor ke Korea.

   저는 어제 한국으로 수출할 바띡 의류 샘플을 몇 장 가지고 왔습니다.

2. (dia)

   Kemarin dia membawa beberapa contoh baju batik yang akan diekspor ke Korea.

   그는 어제 한국으로 수출할 바띡 의류 샘플을 몇 장 가지고 왔습니다.

3. (kerajinan tangan)

   Kemarin dia membawa beberapa contoh kerajinan tangan yang akan diekspor ke Korea.

   그는 어제 한국으로 수출할 수공예품 샘플을 몇 장 가지고 왔습니다.

4. (Jepang)

   Kemarin dia membawa beberapa contoh kerajinan tangan yang akan diekspor ke Jepang.

   그는 어제 일본으로 수출할 수공예품 샘플을 몇 장 가지고 왔습니다.

III. Saya yakin masyarakat Korea juga akan menyukai batik.

나는 한국 사람들도 바띡을 좋아할 것으로 확신합니다.

1. (dia)

Dia yakin masyarakat Korea juga akan menyukai batik.

그는 한국 사람들도 바띡을 좋아할 것으로 확신합니다.

2. (percaya)

Dia percaya masyarakat Korea juga akan menyukai batik.

그는 한국 사람들도 바띡을 좋아할 것으로 믿습니다.

3. (Eropa)

Dia percaya masyarakat Eropa juga akan menyukai batik.

그는 유럽 사람들도 바띡을 좋아할 것으로 믿습니다.

4. (wayang kulit)

Dia percaya masyarakat Eropa juga akan menyukai wayang kulit.

그는 유럽 사람들도 그림자극을 좋아할 것으로 믿습니다.

IV. Saya pikir awal Februari adalah waktu yang tepat untuk memulai bisnis ini.

저는 이 사업을 시작하기에는 2월 초가 좋다고 생각합니다.

1. (saya kira)

   Saya kira awal Februari adalah waktu yang tepat untuk memulai bisnis ini.

   저는 이 사업을 시작하기에는 2월 초가 좋다고 생각합니다.

2. (akhir Maret)

   Saya kira akhir Maret adalah waktu yang tepat untuk memulai bisnis ini.

   저는 이 사업을 시작하기에는 3월 말이 좋다고 생각합니다.

3. (sesuai)

   Saya kira akhir Maret adalah waktu yang sesuai untuk memulai bisnis ini.

   저는 이 사업을 시작하기에는 3월 말이 적당하다고 생각합니다.

4. (proyek)

   Saya kira akhir Maret adalah waktu yang sesuai untuk memulai proyek ini.

   저는 이 프로젝트를 시작하기에는 3월 말이 적당하다고 생각합니다.

V. Semoga bisnis kita berjalan dengan lancar.

우리 사업이 잘 되기를 희망합니다.

1. (mudah-mudahan)

   Mudah-mudahan bisnis kita berjalan dengan lancar.

   우리 사업이 잘 되기를 희망합니다.

2. (proyek)

   Mudah-mudahan proyek kita berjalan dengan lancar.

   우리 프로젝트가 잘 되기를 희망합니다.

3. (Anda)

   Mudah-mudahan proyek Anda berjalan dengan lancar.

   당신 프로젝트가 잘 되기를 희망합니다.

4. (mulus)

   Mudah-mudahan proyek Anda berjalan dengan mulus.

   당신 프로젝트가 잘 되기를 희망합니다.

확인학습

I. 다음 단어를 배열하여 주어진 의미가 되도록 문장을 완성하시오.

1. 저는 뻬깔롱안의 바띡끈짜나 사의 매니저입니다.
   (manajer dari Perusahaan Batik Kencana, saya adalah, di Pekalongan)

2. 저는 오늘 한국으로 수출할 바띡 의류 샘플을 몇 장 가지고 왔습니다.
   (hari ini, beberapa contoh baju batik, saya membawa, yang akan diekspor, ke Korea)

3. 한국 사람들도 바띡을 좋아할 것으로 확신합니다.
   (saya yakin, juga, akan menyukainya, masyarakat Korea)

4. 그 소리를 들으니 참 좋습니다.
   (sangat senang, saya, mendengarnya)

5. 이 뻬깔롱안 바띡을 언제 한국으로 수출할 수 있을까요?
   (diekspor ke Korea, kapan, bisa mulai, batik-batik dari Pekalongan ini)

6. 이 사업을 시작하기에는 2월 초가 좋다고 생각합니다.
   (saya pikir, adalah waktu yang tepat, untuk memulai bisnis ini, awal Februari)

7. 그럼, 초기 배송 물량으로 바띡을 얼마나 준비할까요?

(berapa potong, pakaian batik, jadi, untuk pengiriman pertama)

8. 제가 다양한 문양과 치수의 남녀 바띡 만 장을 보내드리겠습니다.

(saya, untuk pria dan wanita, akan mengirimkan, dengan berbagai, motif dan ukuran sepuluh ribu potong pakaian batik)

9. 우리 사업이 잘 되기를 희망합니다.

(bisnis kita, semoga, berjalan, dengan lancar)

10. 그것이 우리의 바램입니다.

(harapan, itulah, kita)

제8과 위스마 마까라에 묵다

08

MENGINAP DI WISMA MAKARA

본문

Dong Hoon : Amelia, terima kasih. Anda sudah menemaniku mencari bahan penelitian.

아멜리아, 고마워요. 연구 자료 찾는데 나와 함께 해 주었어요.

Amelia : Sama-sama. Saya juga senang menemani Anda. Selanjutnya, rencananya mau ke mana?

천만에요. 당신과 함께 해서 좋았어요. 이제 어디로 갈 거예요?

Dong Hoon : Besok pagi-pagi, saya harus kembali ke Medan.

내일 아침 일찍 메단으로 돌아가야 해요.

Amelia : Kalau begitu, malam ini menginap saja di rumah saya.

그렇다면 오늘 밤은 우리 집에서 묵도록 해요.

Dong Hoon : Maaf, saya pikir lebih baik saya menginap di hotel yang dekat sini.

미안해요, 나는 이 근처 가까운 호텔에 묵는 게 좋겠어요.

Amelia : Oh, tidak apa-apa. Sekarang saya antar Anda ke Wisma Makara. Tempatnya tidak jauh dari sini.

아, 괜찮아요. 내가 당신을 위스마 마까라에 데려다줄게요. 여기에서 안 멀어요.

Dong Hoon : Nah, itu lebih baik.

자, 그게 좋겠어요.

***

Amelia : Selamat Siang!

안녕하세요!

Petugas Wisma : Selamat siang. Selamat datang di Wisma Makara. Ada yang bisa saya bantu?

안녕하세요. 위스마 마까라에 오신 것을 환영합니다. 무엇을 도와드릴까요?

Amelia : Maaf, Mbak. Saya mau tanya. Apakah masih ada kamar kosong?

실례합니다. 좀 여쭤 볼게요. 빈 방이 있습니까?

Petugas : Untuk berapa malam?

며칠간 묵으십니까?

Amelia : Untuk satu malam saja.
하룻밤입니다.

Petugas : Oh, ini dia daftar harganya.
아, 숙박 요율표가 여기 있습니다.

Dong Hoon : Kamar yang standar saja.
스탠다드 룸으로 주세요.

Petugas : Ya, ada. Di lantai dua kamar 207.
예, 있습니다. 2층의 207호입니다.

Intan : Tidak apa-apa.
괜찮습니다.

Petugas : Maaf, bisa saya lihat Kartu Tanda Penduduk atau kartu identitas lainnya.
실례지만 주민등록증이나 다른 신분증을 보여주시겠습니까?

Intan : Oh ya, ini KTP saya.
예, 여기 주민등록증입니다.

Petugas : Terima kasih. Saya catat dulu. Ini kunci kamarnya. Jika ada hal yang ingin diperlukan, bisa hubungi petugas.
감사합니다. 기록 먼저 하겠습니다. 방 키 여기 있습니다. 필요한 사항이 있으면 근무자에게 연락하세요.

Intan : Terima kasih. Ayo, Amelia. Kita ke kamar.
감사합니다. 자, 아멜리아. 우리 방으로 가요.

어휘공부

menemani 동행하다, 친구해주다

Ia menemani ibunya mengunjungi beberapa negara Eropa.

그는 몇몇 유럽 국가를 방문하는 어머니를 동행했다.

penelitian 연구

penelitian dasar 기본연구, 기초연구

selanjutnya 이어서

rencana 계획

rencana kerja 작업계획

pagi-pagi 이른 아침

menginap 묵다, 숙박하다

mengantar 데려다주다

Ia mengantar ibunya ke rumah sakit.

그는 어머니를 병원에 데려다주었다.

catat 기록하다, 적다

petugas 근무자

문법설명

1 연속 형식 동사

인도네시아어에서는 동사가 연속해서 나타날 수 있다. 이 경우 동사와 동사 사이에 영어 <to 부정사>의 기능을 하는 어휘는 불필요하다.

Ibu saya mengajarkan menyanyi pada adik saya.
나의 어머니는 내 동생에게 노래를 가르친다.

Tengsoe sudah pergi makan keluar.
뗑수는 이미 식사하러 나갔다.

Kelihatannya pemuda itu tidak merasa bersalah.
그 젊은이는 잘못한 것을 못느끼는 것으로 보인다.

Banyak pengungsi yang mati kelaparan.
기아로 인하여 죽은 피난민들이 많다.

Pada suatu hari yang cerah, dengan diiringi pembantu-pembantuya, Sungging Perbangkara berangkat berburu.
어느 청명한 날 숭깅 뻐르방까라는 부하들을 대동하고 사냥을 떠났다.

Saya belum mau menikah.
나는 아직 결혼을 원하지 않는다.

Saya harus dapat menyelesaikan pekerjaan ini sebelum pulang.
나는 귀가 전에 이 일을 끝낼 수 있어야 한다.

Siti sudah bisa bermain piano.
시띠는 이미 피아노를 연주할 줄 안다.

Pemerintah Indonesia sudah akan dapat mencapai swasembada pangan tahun depan.
인도네시아 정부는 내년에 식량 자급자족을 이룰 수 있게 된다.

문형연습

1. Terima kasih karena Anda sudah menemaniku mencari bahan penelitian.
   연구자료 찾는데 나와 함께 해 주어 고맙습니다..

   Sama-sama.
   천만에요.

2. Selanjutnya, rencananya mau ke mana?
   이제 어디로 갈 거예요?

   Besok pagi-pagi, saya harus kembali ke Medan.
   내일 아침 일찍 메단으로 돌아가야 해요.

3. Kalau begitu, malam ini menginap saja di rumah saya.
   그렇다면 오늘 밤은 우리 집에서 묵도록 해요.

   Maaf, saya pikir lebih baik saya menginap di hotel yang dekat sini.
   미안해요, 나는 이 근처 가까운 호텔에 묵는 게 좋겠어요.

4. Sekarang saya antar Anda ke Wisma Makara.
   내가 당신을 위스마 마까라에 데려다줄게요.

   Terima kasih.
   감사합니다.

5. Selamat datang di Wisma Makara.
   위스마 마까라에 온 것을 환영합니다.

   Terima kasih. Apa kabar?
   감사합니다. 안녕하세요?

6. Ada yang bisa saya bantu?
무엇을 도와드릴까요?

Apakah masih ada kamar kosong?
빈 방이 있습니까?

7. Untuk berapa malam?
며칠 묵으십니까?

Untuk tiga malam saja.
3일 머무르겠습니다.

8. Ini dia daftar harganya.
숙박 요율표가 여기 있습니다.

Kamar yang standar saja.
스탠더드 룸으로 주세요.

9. Bisa saya lihat Kartu Tanda Penduduk atau kartu identitas lainnya?
주민등록증이나 다른 신분증을 보여주시겠습니까?

Oh ya, ini KTP saya.
예, 여기 주민등록증입니다.

10. Ini kunci kamarnya.
방 키 여기 있습니다.

Terima kasih.
감사합니다.

반복학습

I. Apakah masih ada kamar kosong?

빈 방이 있습니까?

1. (boleh tahu)

Boleh tahu masih ada kamar kosong?

빈 방이 있는지 알 수 있을까요?

2. (tersedia)

Boleh tahu masih tersedia kamar kosong?

빈 방이 있는지 알 수 있을까요?

3. (kantor)

Boleh tahu masih tersedia kantor kosong?

빈 사무실이 있는지 알 수 있을까요?

4. (yang mau disewakan)

Boleh tahu masih tersedia kantor yang mau disewakan?

세 들어갈 사무실이 있는지 알 수 있을까요?

II. Anda mau menginap untuk berapa malam di Jakarta bulan depan?

당신은 다음 달 자카르타에 몇 밤 묵으려고 합니까?

1. (ia)

Ia mau menginap untuk berapa malam di Jakarta bulan depan?

그는 다음 달 자카르타에 몇 밤 묵으려고 합니까?

2. (berencana)

Ia berencana menginap untuk berapa malam di Jakarta bulan depan?

그는 다음 달 자카르타에 몇 밤 묵을 계획입니까?

3. (di Bali)

Ia berencana menginap untuk berapa malam di Bali bulan depan?

그는 다음 달 발리에 몇 밤 묵을 계획입니까?

4. (bulan Mei)

Ia berencana menginap untuk berapa malam di Bali bulan Mei?

그는 5월에 발리에 몇 밤 묵을 계획입니까?

III. Bisa saya lihat Kartu Tanda Penduduk Anda?

당신의 신분증을 보여주시겠습니까?

1. (boleh)

Boleh saya lihat Kartu Tanda Penduduk Anda?

당신의 신분증을 보여주시겠습니까?

2. (ngecek)

Boleh saya ngecek Kartu Tanda Penduduk Anda?

당신의 신분증을 확인해도 되겠습니까?

3. (kartu identitas)

Boleh saya ngecek kartu identitas Anda?

당신의 신분증을 확인해도 되겠습니까?

4. (kakek Anda)

Boleh saya ngecek kartu identitas kakek Anda?

당신 할아버지의 신분증을 확인해도 되겠습니까?

IV. Itu kunci kamarnya yang Anda katakan tadi.

당신이 아까 말한 방 키 저기 있습니다.

1. (ini)

   Ini kunci kamarnya yang Anda katakan tadi.

   당신이 아까 말한 방 키 여기 있습니다.

2. (kantornya)

   Ini kunci kantornya yang Anda katakan tadi.

   당신이 아까 말한 사무실 키 여기 있습니다.

3. (bicarakan)

   Ini kunci kantornya yang Anda bicarakan tadi.

   당신이 아까 말한 사무실 키 여기 있습니다.

4. (tadi malam)

   Ini kunci kantornya yang Anda bicarakan tadi malam.

   당신이 엊저녁 말한 사무실 키 여기 있습니다.

V. Jika ada hal yang ingin diperlukan, bisa hubungi petugas.

필요한 사항이 있으면 근무자에게 연락하세요.

1. (kalau)

   Kalau ada hal yang ingin diperlukan, bisa hubungi petugas.

   필요한 사항이 있으면 근무자에게 연락하세요.

2. (disampaikan)

   Kalau ada hal yang ingin disampaikan, bisa hubungi petugas.

   전할 사항이 있으면 근무자에게 연락하세요.

3. (menelepon)

Kalau ada hal yang ingin disampaikan, bisa menelepon petugas.

전할 사항이 있으면 근무자에게 전화하세요.

4. (satpam)

Kalau ada hal yang ingin disampaikan, bisa menelepon satpam.

전할 사항이 있으면 경비원에게 전화하세요.

확인학습

I. 다음 단어를 배열하여 주어진 의미가 되도록 문장을 완성하시오.

1. 위스마 마까라에 온 것을 환영합니다.

   (Selamat, di Wisma Makara, datang)

2. 무엇을 도와드릴까요?

   (saya, bantu, ada yang, bisa)

3. 빈 방이 있습니까?

   (apakah, kamar kosong, masih ada)

4. 며칠 묵으십니까?

   (malam, untuk, berapa)

5. 숙박 요율표가 여기 있습니다.

   (ini, daftar harganya, dia)

6. 스탠더드 룸으로 주세요.

   (yang standar, kamar, saja)

7. 주민등록증이나 다른 신분증을 보여시겠습니까?

   (bisa saya, Kartu Tanda Penduduk, atau, lihat, kartu identitas lainnya)

8. 제가 우선 기록하겠습니다.

(dulu, saya, catat)

9. 방 키 여기 있습니다.

(ini, kunci, kamarnya)

10. 필요한 사항이 있으면 근무자에게 연락하세요.

(jika ada, hal yang, petugas, ingin diperlukan, bisa hubungi)

제9과 건강관리

MENJAGA KESEHATAN

09

본문

Amelia : Dong Hoon, bagaimana kabar kesehatan Anda?

동훈, 당신 건강은 어때요?

Dong Hoon : Baik. Sekarang rasanya lebih segar. Pusingnya sudah hilang. Perut juga sudah tidak mual lagi.

좋아요. 지금 더 좋은 것 같아요. 어지럼증도 사라졌어요. 속도 더 이상 미식거리지 않아요.

Amelia : Wah, Syukurlah.

와, 다행이네요.

Dong Hoon : Terima kasih, sudah mengantar saya ke dokter.
나를 병원에 데려가 줘 고마워요.

Amelia : Oh, tidak apa-apa. Sekarang Anda harus jaga kesehatan. Jangan begadang dan jangan kelelahan.
아, 괜찮아요. 이제 당신 건강을 돌봐야 해요. 밤새워 일하지 말고 너무 무리하지 말아요.

Dong Hoon : Baik. Akan saya ingat nasihat Anda.
좋아요. 당신의 충고를 마음에 새길게요.

Amelia : Besok kan hari Minggu. Bagaimana kalau kita pergi ke tempat kebugaran di Universitas Indonesia?
내일 일요일이잖아요. 인도네시아대학교 안에 있는 헬스클럽에 갈까요?

Dong Hoon : Wah, menarik juga. Saya belum pernah ke tempat kebugaran di Universitas Indonesia.
와, 좋아요. 나는 아직 그곳에 안 가봤어요.

Amelia : Baik. Besok pagi pukul 08.00 saya akan jemput Anda.
좋아요. 내일 아침 8시에 데리러 올께요.

Dong Hoon : Wah, saya harus bangun pagi, dong.
와, 내일 아침에 일찍 일어나야겠네요.

Amelia : Iya.

예.

Dong Hoon : Baik, saya tunggu besok!

좋아요, 내일 기다릴게요.

***

Dong Hoon : Amelia, Anda benar. Tempatnya bagus dan nyaman.

아멜리아, 당신 말이 맞네요. 공간이 멋지고 쾌적해요.

Amelia : Iya. Saya sering ke sini. Olahraga itu bagus untuk kesehatan. Jadi, Anda tidak akan sakit lagi.

예. 나는 자주 여기에 와요. 운동은 건강에 좋아요. 그럼, 당신은 더 이상 아프지 않을 거예요.

어휘공부

kesehatan

asuransi kesehatan 건강보험

Kementerian Kesehatan 보건부

segar

segar bugar 건강한

dana segar 건전자본

begadang 밤새도록 깨어있는, 잠을 안 자는

Ia begadang samapi larut malam. 그는 늦은 밤까지 안 잤다.

kelelahan 지친

nasihat 충고

menarik 흥미있는, 마음을 끄는

menarik hati 마음을 끌다

menarik diri 철수하다, 그만두다

nyaman 신선한, 건강한

sering 자주

문법설명

1 부가의문문을 만드는 Bukan

부가의문문을 만들 때 문장의 끝에 bukan을 붙이는 것이 원칙이다. 그러나 일상생활에서는 bukan을 kan으로 줄여 사용하는 것이 일반적이며 그 위치도 문장의 앞이나 중간에 올 수 있다. Kan이 문장의 앞이나 중간에 올 때는 문장의 뉘앙스가 다를 수 있다.

Anda berasal dari Bali, bukan?
　당신은 발리 출신입니다, 그렇지요?

Dia orang Indonesia, bukan?
　그는 인도네시아 사람입니다, 그렇지요?

Tadi sudah saya bicara, kan?
　아까 내가 말했지요?

Dia cantik sekali, kan?
　그녀는 예쁘지요?

Kan itu tidak betul?
　그것은 옳지 안잖아요?

Kan tas itu bukan milikmu?
　그 가방은 당신 것이 아니잖아요?

Dia kan sudah makan?
　그는 이미 식사했잖이요?

Anda kan sekolah di Surabaya?
　당신은 수라바야에서 학교 다녔잖아요?

2 전성명사

-nya가 형용사나 동사에 접미되어 전성명사를 만든다.

Indahnya pemamdangan gunung itu sulit dicari tandingannya.
그 산의 아름다운 경치에 견줄 대상은 없다.

Merdunya suara penyanyi itu menakjubkan para penonton di dalam panggung itu.
그 가수의 아름다운 목소리가 극장 안의 관객들을 감동시켰다.

Larinya atlet itu berhasil memecahkan rekor dunia.
그 육상선수의 달리기가 세계 기록을 깼다.

Tangisnya anak kecil itu amat menyayat hatiku.
그 어린 아이의 울음이 내 마음을 아프게 했다.

문형연습

1. Bagaimana kabar kesehatan Anda?
   당신 건강은 어떻습니까?

   Sekarang rasanya lebih segar.
   지금 더 좋은 것 같아요.

2. Bagaimana keadaan Anda sekarang?
   지금 상태가 어떻습니까?

   Beres. Perut juga sudah tidak mual lagi.
   좋아요. 속도 더 이상 미식거리지 않습니다.

3. Terima kasih karena sudah mengantar saya ke dokter.
   저를 병원에 데려다 주어서 감사드립니다.

   Sama-sama.
   천만에요.

4. Sekarang Anda harus jaga kesehatan.
   이제 당신의 건강을 돌봐야 합니다.

   Oke. Akan saya laksanakan.
   예, 그리 할게요.

5. Jangan begadang sampai larut malam.
   밤늦게까지 일하시 말아요.

   Akan saya ingat nasihat Anda.
   당신의 충고를 마음에 새기겠습니다.

6. Besok kan hari Minggu?
내일 일요일이잖아요?

Ya, benar.
예, 맞아요.

7. Kan Anda sudah makan siang?
당신은 이미 점심식사 했잖아요?

Belum. Saya belum makan siang.
아닙니다. 아직 점심식사 하지 않았습니다.

8. Bagaimana kalau kita pergi ke tempat kebugaran di Universitas Indonesia?
인도네시아대학교 안에 있는 헬스클럽에 갈까요?

Menarik sekali.
아주 좋아요.

9. Besok pagi pukul 08.00 saya akan jemput Anda.
내일 아침 여덟 시에 당신을 모시러가겠습니다.

Saya merepotkan Anda.
제가 당신을 귀찮게 하는군요.

10. Olahraga itu bagus untuk kesehatan.
운동은 건강에 좋습니다.

Iya, betul.
예, 맞습니다.

반복학습

I. Sekarang rasanya lebih segar.

1. (saat ini)

Saat ini rasanya lebih segar.
지금 더 좋은 것 같은 느낌입니다.

2. (kelihatannya)

Saat ini kelihatannya lebih segar.
지금 더 좋은 것 같아 보입니다.

3. (cukup)

Saat ini kelihatannya cukup segar.
지금 꽤 좋은 것 같아 보입니다.

4. (sehat)

Saat ini kelihatannya cukup sehat.
지금 꽤 건강해 보입니다.

II. Terima kasih karena telah mengantar saya ke dokter.

저를 병원에 데려다 주어서 감사드립니다.

1. (sudah)

Terima kasih karena sudah mengantar saya ke dokter.
저를 병원에 데려다 주어서 감사드립니다.

2. (menemani)

Terima kasih karena sudah menemani saya ke dokter.
저와 병원에 함께 가주어서 감사드립니다.

3. (adik saya)

Terima kasih karena sudah menemani adik saya ke dokter.
제 동생과 병원에 함께 가주어서 감사드립니다.

4. (Monas)

Terima kasih karena sudah menemani adik saya ke Monas.
제 동생과 모나스에 함께 가주어서 감사드립니다.

III. Sekarang Anda harus jaga kesehatan.

이제 당신은 건강을 돌봐야 합니다.

1. (mulai sekarang)

Mulai sekarang Anda harus jaga kesehatan.
이제부터 당신은 건강을 돌봐야 합니다.

2. (ia)

Mulai sekarang ia harus jaga kesehatan.
이제부터 그는 건강을 돌봐야 합니다.

3. (perlu)

Mulai sekarang ia perlu jaga kesehatan.
이제부터 그는 건강을 돌볼 필요가 있습니다.

4. (kehormatan)

Mulai sekarang ia perlu jaga kehormatan.
이제부터 그는 명예를 지킬 필요가 있습니다.

IV. Bagaimana kalau kita pergi ke tempat kebugaran di Universitas Indonesia besok?

내일 우리 인도네시아대학교 안에 있는 헬스클럽에 갈까요?

1. (Anda)

Bagaimana kalau Anda pergi ke tempat kebugaran di Universitas Indonesia besok?

내일 당신 인도네시아대학교 안에 있는 헬스클럽에 갈까요?

2. (perpustakaan)

Bagaimana kalau Anda pergi ke perpustakaan di Universitas Indonesia besok?

내일 당신 인도네시아대학교 안에 있는 도서관에 갈까요?

3. (Universitas Udayana)

Bagaimana kalau Anda pergi ke perpustakaan di Universitas Udayana besok?

내일 당신 우다야나대학교 안에 있는 도서관에 갈까요?

4. (lusa)

Bagaimana kalau Anda pergi ke perpustakaan di Universitas Udayana lusa?

모레 당신 우다야나대학교 안에 있는 도서관에 갈까요?

V. Besok pagi pukul 08.00 saya akan jemput Anda.

내일 아침 여덟 시에 당신을 모시러가겠습니다.

1. (lusa)

   Lusa pagi pukul 08.00 saya akan jemput Anda.

   모레 아침 여덟 시에 당신을 모시러가겠습니다.

2. (malam)

   Lusa malam pukul 08.00 saya akan jemput Anda.

   모레 밤 여덟 시에 당신을 모시러가겠습니다.

3. (pukul tujuh)

   Lusa malam pukul tujuh saya akan jemput Anda.

   모레 밤 일곱 시에 당신을 모시러가겠습니다.

4. (menelepon)

   Lusa malam pukul tujuh saya akan menelepon Anda.

   모레 밤 일곱 시에 당신에게 전화하겠습니다.

확인학습

I. 다음 단어를 배열하여 주어진 의미가 되도록 문장을 완성하시오.

1. 당신 건강은 어떻습니까?
   (bagaimana, kabar, kesehatan Anda)

2. 지금 더 좋은 것 같습니다.
   (rasanya, lebih segar, sekarang)

3. 속도 더 이상 미식거리지 않습니다.
   (tidak mual lagi, perut juga, sudah)

4. 저를 병원에 데려다 주어서 감사드립니다.
   (karena, sudah, mengantar saya, terima kasih, ke dokter)

5. 이제 당신의 건강을 돌봐야 합니다.
   (sekarang, kesehatan, Anda, harus jaga)

6. 밤늦게까지 일하지 말아요.
   (larut malam, jangan begadang, sampai)

7. 당신의 충고를 마음에 새기겠습니다.

(ingat, nasihat Anda, akan, saya)

8. 인도네시아대학교 안에 있는 헬스클럽에 갈까요?

(bagaimana kalau, tempat kebugaran, kita, pergi ke, di Universitas Indonesia)

9. 내일 아침 여덟 시에 당신을 모시러가겠습니다.

(pukul 08.00, saya akan, besok pagi, jemput Anda)

10. 운동은 건강에 좋습니다.

(olahraga itu, bagus, untuk kesehatan)

제10과 옷가게에서

DI TOKO BUSANA

10

본문

Pelayan Toko: Selamat siang. Silakan. Mau cari baju model apa?
안녕하세요. 어서 오세요. 어떤 스타일의 옷을 찾으세요?

Amelia : Mau lihat-lihat dulu, Mbak.
우선 구경 좀 할게요.

Pelayan Toko: Oh, iya. Di sini semuanya baju remaja.
아, 예. 여기는 모두 젊은이들 옷입니다.

Yoon JI : Mbak, apakah di sini ada kebaya?
여기 끄바야도 있나요?

Pelayan Toko: Wah, maaf, Mbak. Kami tidak menjual kebaya.
아, 죄송합니다, 손님. 꺼바야는 없습니다.

Amelia : Yoon Ji, kulit Anda cocok dengan baju warna ini.
윤지, 당신 피부가 이 색상의 옷과 어울려요.

Yoon Ji : Coba lihat yang warna hitam ini.
이 검정색 옷 좀 봐요.

Amelia : Nah, ini lebih cocok. Anda terlihat lebih cantik. Kalau baju yang ini harganya berapa, Mbak?
자, 이것이 더 어울려요. 당신이 더 예뻐 보여요.
이 옷은 얼마입니까?

Pelayan Toko: Yang ini murah Rp100.000 saja.
이 옷은 쌉니다. 10만 루삐아 밖에 안 해요.

Yoon Ji : Yang ini?
이것은요?

Pelayan Toko: Kalau yang ini, Rp150.000.
이것은 15만 루삐아입니다.

Yoon Ji : Oh, Baik.
아, 그래요.

Amelia : Boleh kurang?
좀 할인해주나요?

Pelayan Toko: Wah, maaf, Mbak. Di sini semuanya harga pas.
아, 죄송합니다, 손님. 여기는 모두 정찰제입니다.

Amelia : Baik. Saya ambil yang ini saja.

좋습니다. 이것으로 할게요.

Yoon Ji : Saya juga yang ini aja, Mbak.

나는 이것으로 할게요.

Pelayan Toko : Baiklah. Ada lagi yang lain?

좋습니다. 더 필요한 것 없습니까?

Amelia : Tidak. Yoon Ji bagaimana? Anda hanya beli satu saja?

없습니다. 윤지는 어떻게 할래요? 하나만 사는 거예요?

Yoon Ji : Iya. Saya beli satu saja.

그래요. 나는 하나만 살 거예요.

Pelayan Toko: Kalau begitu saya bungkus dulu. Pembayarannya silakan di kasir.

그럼 제가 우선 포장해드리겠습니다. 계산은 계산대에 가서 해주세요.

Yoon Ji : Terima kasih.

감사합니다.

어휘공부

busana 옷, 의복

melihat-lihat 구경하다

remaja 젊은이, 청년

kebaya 꺼바야(여성용 전통의상)

cocok 어울리다

harga

  harga pas 정가

membungkus 포장하다

kasir 출납원

문법설명

1 반복어 형식의 동사

반복어 형식의 동사는 대개 '한가로이~하다' 혹은 '계속해서~하다'의 의미를 갖는다.

Saya berjalan-jalan di kampus Universitas Indonesia.
나는 인도네시아대학교 교정을 산책했습니다.

Mereka duduk-duduk di bawah sekelompok pohon kelapa seraya menunggu para pembantu memetik kelapa muda.
그들은 부하들이 야자 따오기를 기다리면서 야자수 아래 여기저기에 앉았다.

Ibu saya melihat-lihat barang-barang antik di museum.
나의 어미니는 박물관에서 골동품들을 구경했다.

Maman bercakap-cakap dengan temannya.
마만은 그의 친구와 담소를 나눈다.

Anak itu memukul-mukul anjing itu.
그 아이는 그 개를 마구 때렸다.

2 선행사를 포함하는 관계사 Yang

일반적으로 관계사 yang 앞에 선행사가 온다. 선행사가 없을 경우에는 관계사 yang이 선행사를 포함하는 것으로 생각하고 우리말로 옮긴다.

Yang mana lebih sesuai?
어느 것이 더 적합합니까?

Bila makanan yang diinginkan penumpang tersebut adalah yang istimewa, maka mereka harus memasakkannya meskipun hanya satu porsi.
위에서 언급한 승객이 원하는 음식이 특별식일 때, 그들은 그것이 비록 일인분이라 할지라도 반드시 조리해야 한다.

Yang dimaksud norma di sini bukan sesuatu peraturan tertulis, melainkan adalah semacam konvensi yang diikuti secara agak bebas.

여기에서 규범이라고 하는 것은 문자화된 규정이 아니고, 다소 자유롭게 뒤따르는 일종의 관습이다.

Yang menarik baginya, orang itu berkacamata hitam mengilat.

그녀에게 흥미로운 것은, 그 사람이 번쩍거리는 선글라스를 착용했다는 것이다.

문형연습

1. Mau cari baju model apa?
   어떤 스타일의 옷을 찾으세요?

   Mau lihat-lihat dulu, Mbak.
   우선 구경 좀 할게요.

2. Di sini semuanya baju remaja.
   여기는 모두 젊은이들 옷입니다.

   Ya, betul.
   예, 맞습니다.

3. Apakah di sini ada kebaya?
   여기 꺼바야도 있습니까?

   Wah, maaf, Mbak. Kami tidak menjual kebaya.
   아, 죄송합니다, 손님. 꺼바야는 없습니다.

4. Kulit saya cocok dengan baju warna apa?
   제 피부는 어떤 색 옷과 어울립니까?

   Kulit Anda cocok dengan baju warna biru muda.
   당신 피부는 하늘색 옷과 어울립니다.

5. Anda terlihat lebih cantik.
   당신은 더 예뻐 보입니다.

   Begitu? Terima kasih.
   그래요? 감사합니다.

6. Kalau baju yang ini harganya berapa?
이 옷은 얼마입니까?

Harganya dua ratus ribu rupiah.
20만 루삐아입니다.

7. Di sini semuanya harga pas.
여기는 모두 정찰제입니다.

Baik. Saya mau beli ini.
좋습니다. 이것으로 할게요.

8. Anda mau pilih apa?
무엇으로 하시겠습니까?

Saya ambil yang ini saja.
저는 이것으로 하겠습니다.

9. Kalau begitu saya bungkus dulu.
그럼 제가 우선 포장해드리겠습니다.

Baik. Terima kasih.
좋아요. 감사합니다.

10. Pembayarannya silakan di kasir.
계산은 계산대에 가서 해주세요.

Oke, terima kasih.
예, 감사합니다.

반복학습

I. Anda mau cari baju model apa?

당신은 어떤 스타일의 옷을 찾으세요?

1. (ia)

Ia mau cari baju model apa?

그는 어떤 스타일의 옷을 찾으세요?

2. (punya)

Ia mau punya baju model apa?

그는 어떤 스타일의 옷을 갖고 싶어 합니까?

3. (tas)

Ia mau punya tas model apa?

그는 어떤 스타일의 가방을 갖고 싶어 합니까?

4. (warna)

Ia mau punya tas warna apa?

그는 어떤 색상의 가방을 갖고 싶어 합니까?

II. Di sini semuanya baju remaja.

여기는 모두 젊은이들 옷입니다.

1. (di sana)

Di sana semuanya baju remaja.

저기는 모두 젊은이들 옷입니다.

2. (seluruhnya)

Di sana seluruhya baju remaja.

저기는 모두 젊은이들 옷입니다.

3. (pakaian)

Di sana seluruhya pakaian remaja.
저기는 모두 젊은이들 옷입니다.

4. (kanak-kanak)

Di sana seluruhya pakaian kanak-knak.
저기는 모두 어린이들 옷입니다.

III. Kulit Anda cocok dengan baju warna merah.
당신 피부는 빨강색 옷과 어울립니다.

1. (kakaknya)

Kulit kakaknya cocok dengan baju warna merah.
그의 누나 피부는 빨강색 옷과 어울립니다.

2. (sesuai)

Kulit kakaknya sesuai dengan baju warna merah.
그의 누나 피부는 빨강색 옷과 어울립니다.

3. (pakaian)

Kulit kakaknya sesuai dengan pakaian warna merah.
그의 누나 피부는 빨강색 옷과 어울립니다.

4. (biru muda)

Kulit kakaknya sesuai dengan pakaian warna biru muda.
그의 누나 피부는 하늘색 옷과 어울립니다.

IV. Anda terlihat lebih cantik.

당신은 더 예뻐 보입니다.

1. (ia)

Ia terlihat lebih cantik.

그녀는 더 예뻐 보입니다.

2. (kelihatan)

Ia kelihatan lebih cantik.

그녀는 더 예뻐 보입니다.

3. (kurang)

Ia kelihatan kurang cantik.

그녀는 덜 예뻐 보입니다.

4. (gemuk)

Ia kelihatan kurang gemuk.

그녀는 덜 뚱뚱해 보입니다.

V. Lebih baik saya ambil yang ini saja.

저는 이것으로 하는 것이 좋겠습니다.

1. (sebaiknya)

Sebaiknya saya ambil yang ini saja.

저는 이것으로 하는 것이 좋겠습니다.

2. (Anda)

Sebaiknya Anda ambil yang ini saja.

당신은 이것으로 하는 것이 좋겠습니다.

3. (bawa)

Sebaiknya Anda bawa yang ini saja.

당신은 이것으로 가져가는 것이 좋겠습니다.

4. (itu)

Sebaiknya Anda bawa yang itu saja.

당신은 저것으로 가져가는 것이 좋겠습니다.

확인학습

I. 다음 단어를 배열하여 주어진 의미가 되도록 문장을 완성하시오.

1. 어떤 스타일의 옷을 찾으세요?
   (baju, mau cari, model apa)

2. 여기는 모두 젊은이들 옷입니다.
   (semuanya, di sini, baju remaja)

3. 여기 꺼바야도 있습니까?
   (ada, kebaya, apakah, di sini)

4. 당신 피부는 이 색상의 옷과 어울립니다.
   (kulit Anda, baju warna ini, cocok dengan)

5. 당신은 더 예뻐 보입니다.
   (terlihat, Anda, lebih cantik)

6. 이 옷은 얼마입니까?
   (yang ini, harganya berapa, kalau, baju)

7. 여기는 모두 정찰제입니다.
(di sini, semuanya, harga pas)

8. 저는 이것으로 하겠습니다.
(ambil, yang, saya, ini saja)

9. 그럼 제가 우선 포장해드리겠습니다.
(saya, kalau begitu, bungkus, dulu)

10. 계산은 계산대에 가서 해주세요.
(silakan, pembayarannya, di kasir)

제11과 민속촌의 지방문화관

ANJUNGAN DAERAH TAMAN MINI INDONESIA INDAH

11

본문

Amelia : Nah, Yoon Ji, Dong Hoon, sekarang kita sudah sampai di anjungan daerah.

자, 윤지, 동훈. 우리 지방문화관에 도착했어요.

Dong Hoon : Anjungan daerah? Apa itu?

지방문화관? 그게 뭐지요?

Agga : Anjungan daerah adalah bangunan-bangunan rumah adat yang bercirikan arsitektur tradisional khas daerah di Indonesia.

지방문화관은 인도네시아 각 지역의 전통 건축의 특색을 살린 전통 가옥을 말하는 거예요.

Yoon Ji : Oh, begitu. Di sini banyak sekali bangunan. Apakah semua ini rumah adat Indonesia?
아, 그래요. 여기에 건물이 많네요. 여기 모두가 인도네시아 전통 가옥입니까?

Amelia : Iya. Di sini terdapat 26 anjungan yang masing-masing menampilkan sekurang-kurangnya 3 rumah adat dari daerahnya. Nah, bangunan-bangunan di sini dibuat sesuai dengan aslinya, baik ukuran, hiasan, ruangan, dan setiap detail lainnya.
맞아요. 이곳에는 각 지방의 최소한 세 채의 전통가옥을 가진 26개의 지방문화관이 있어요. 자, 여기 있는 건축물들은 규격, 장식, 공간, 그리고 세세한 부분들이 같아요.

Agga : Iya, betul kata Amelia. Anjungan daerah ini juga dibangun berderet mengelilingi danau miniatur kepulauan Indonesia yang melambangkan satu kesatuan dan tak terpisahkan.
그래요, 아멜리아 말이 맞아요. 이 지방문화관은 분리할 수 없는 통합을 상징하는 인도네시아군도의 모형을 담은 호수 주위에 나란히 세워져 있어요.

Dong Hoon : Di dalam rumah-rumah adat itu ada apa saja?
이 전통가옥 안에는 무엇이 있지요?

Amelia : Di dalamnya terdapat benda-benda sejarah, pakaian adat, peralatan kesenian, kerajinan tangan, dan benda-benda budaya lain yang merupakan warisan bangsa yang tidak ternilai harganya.
그 안에는 역사유물, 전통복식, 예술도구, 수공예품, 그리고 값을 매길 수 없는 민족 문화유산 등이 있어요.

Yoon Ji : Wah, aku ingin segera melihatnya. Apakah kita boleh masuk dan melihat-lihat ke dalam?
와, 빨리 보고 싶어요. 우리 저 안에 들어가서 구경할 수 있어요?

Agga : Tentu saja. Bangunan dan rumah adat ini juga digunakan sebagai tempat pameran.
물론이지요. 이 전통가옥과 건물들은 전시관으로도 사용되고 있어요.

Dong Hoon : Wah, kalau begitu dengan mengelilingi anjungan ini sama seperti kita mengelilingi Indonesia?
와, 그렇다면 이 지방문화관을 돌아보는 것은 인도네시아를 돌아보는 것과 같네요.

Amelia : Iya.
맞아요.

Yoon Ji : Ayo, kita segera ke sana. Aku sudah tidak sabar ingin melihat rumah adat.
자, 빨리 갑시다. 전통가옥을 빨리 보고 싶어요.

Amelia : Yuk!
자!

어휘공부

adat 전통, 관습

adat istiadat 전통

hukum adat 관습법

kurang adat 버릇없는, 못 배운 (=kurang ajar)

bercirikan ~한 특징이 있는

arsitektur 건축

khas 독특한

makanan khas 특별식

menampilkan 내보이다, 제출하다

berderet 열을 지다, 줄서다

mengelilingi 돌아보다

miniatur 소형모형

kepulauan 군도

Kepulauan Indonesia 인도네시아군도

melambangkan 상징하다

Gambar neraca melambangkan keadilan. 천칭은 정의를 상징한다.

kerajinan 공예품

kerajinan tangan 수공예품

kerajinan rumah tangga 가내수공업

sabar 인내하다, 참다

문법설명

1 중요한 사항을 문장 앞에

인도네시아어의 특징 중 하나는 중요한 사항, 즉 화자가 말하려는 핵심 내용을 먼저 말하는 것이다.

Ganteng pacarku.
내 애인은 잘생겼다.

Indah pemandangan gunung Tangkubanparahu.
땅꾸반빠라후 산의 경치는 아름답다.

Banyak sekali pengalamannya dalam bidang perkapalan.
선박업 분야에서 그의 경험은 매우 많다.

Lebih pandai dan lebih kaya orang kota daripada orang desa.
시골 사람보다 도시 사람이 더 영리하고 더 부자이냐.

Terlalu sayang untuk dibongkar gubuk sementara yang pernah melindungi para pekerja.
근로자들을 보호해주던 임시 막사를 허무는 것은 너무 안타까웠다.

Habislah uang dan harta bendanya sebagai akibat berjudi, sehingga kehidupan keluarga penjudi itu berantakan.
도박의 결과로 그의 돈과 재산이 탕진되었고 그래서 그 도박꾼 가정의 삶은 엉망이 되었다.

Ingin sekali saya terbang ke Jakarta, namun keadaan saat ini di sini tidak mengizinkan.
나는 자카르타에 달려가고 싶지만 지금 이곳의 상황이 허락하지 않습니다.

문형연습

1. Sekarang kita sampai di mana?
지금 우리는 어디에 도착했습니까?

Sekarang kita sudah sampai di anjungan daerah.
우리는 지방문화관에 도착했습니다.

2. Apa itu anjungan daerah?
지방문화관이 무엇입니까?

Anjungan daerah adalah bangunan-bangunan rumah adat yang bercirikan arsitektur tradisional khas daerah di Indonesia.
지역문화관은 인도네시아 각 지역의 전통 건축의 특색을 살린 전통 가옥입니다.

3. Apakah semua ini rumah adat Indonesia?
이것 모두가 인도네시아 전통 가옥입니까?

Bennar. Itu semua rumah adat Indonesia.
맞아요. 그것은 모두 인도네시아 전통 가옥입니다.

4. Bangunan-bangunan di sini dibuat sesuai dengan aslinya, baik ukuran maupun hiasannya.
여기 있는 건축물들은 규격뿐만 아니라 장식도 원형과 일치합니다.

Ya, betul kata Anda.
예, 당신 말이 맞습니다.

5. Anjungan daerah ini juga dibangun berderet mengelilingi danau miniatur kepulauan Indonesia.
이 지역문화관은 인도네시아군도의 모형을 담은 호수 주위에 나란히 세워져 있습니다.

Wah, indah sekali bangunannya.
와, 건물이 아름답습니다.

6. Di dalam rumah-rumah adat itu ada apa saja?
이 전통가옥 안에는 무엇이 있습니까?

Di dalamnya terdapat benda-benda sejarah, pakaian adat, dan lain-lain.
그 안에는 역사유물, 전통복식 등이 있습니다.

7. Apakah kita boleh masuk dan melihat-lihat ke dalam?
우리가 저 안에 들어가서 구경할 수 있습니까?

Boleh juga.
가능합니다.

8. Bangunan dan rumah adat ini juga digunakan sebagai tempat pameran.
이 전통가옥과 건물들은 전시관으로도 사용됩니다.

Menarik sekali.
재미있습니다.

9. Kalau begitu dengan mengelilingi anjungan ini sama seperti kita mengelilingi Indonesia.
그렇다면 이 지방문화관을 돌아보는 것은 인도네시아를 돌아보는 것과 같습니다.

Benar.
맞습니다.

10. Saya sudah tidak sabar ingin melihat rumah adat.
나는 전통가옥을 빨리 보고 싶습니다.

Mari pergi melihatnya.
보러 갑시다.

반복학습

I. Sekarang kita sudah sampai di anjungan daerah.

지금 우리는 지방문화관에 도착했습니다.

1. (saat ini)

   Saat ini kita sudah sampai di anjungan daerah.

   지금 우리는 지방문화관에 도착했습니다.

2. (mereka)

   Saat ini mereka sudah sampai di anjungan daerah.

   지금 그들은 지방문화관에 도착했습니다.

3. (tiba)

   Saat ini mereka sudah tiba di anjungan daerah.

   지금 그들은 지방문화관에 도착했습니다.

4. (bandara)

   Saat ini mereka sudah tiba di bandara.

   지금 그들은 공항에 도착했습니다.

II. Benarkah ini semua rumah adat Indonesia?

이것 모두가 인도네시아 전통 가옥입니까?

1. (Apakah)

   Apakah ini semua rumah adat Indonesia?

   저것 모두가 인도네시아 전통 가옥입니까?

2. (itu)

   Apakah itu semua rumah adat Indonesia?

   저것 모두가 인도네시아 전통 가옥입니까?

3. (bangunan tradisional)

Apakah itu semua merupakan bangunan tradisional Indonesia?

저것 모두가 인도네시아 전통 건물입니까?

4. (Malaysia)

Apakah itu semua merupakan bangunan tradisional Malaysia?

저것 모두가 말레이시아 전통 건물입니까?

III. Di dalam rumah-rumah adat itu ada apa saja?

이 전통가옥들 안에는 무엇이 있습니까?

1. (luar)

Di luar rumah-rumah adat itu ada apa saja?

이 전통가옥들 밖에는 무엇이 있습니까?

2. (bangunan)

Di luar bangunan adat itu ada apa saja?

이 전통건물들 밖에는 무엇이 있습니까?

3. (tradisional)

Di luar bangunan tradisional itu ada apa saja?

이 전통건물들 밖에는 무엇이 있습니까?

4. (terdapat)

Di luar bangunan tradisional itu terdapat apa saja?

이 전통건물들 밖에는 무엇이 있습니까?

IV. Apakah kita boleh masuk dan melihat-lihat ke dalam?

우리가 저 안에 들어가서 구경할 수 있습니까?

1. (mereka)

Apakah mereka boleh masuk dan melihat-lihat ke dalam?

그들이 저 안에 들어가서 구경할 수 있습니까?

2. (dibenarkan)

Apakah mereka dibenarkan masuk dan melihat-lihat ke dalam?

그들이 저 안에 들어가서 구경할 수 있습니까?

3. (datang)

Apakah mereka dibenarkan datang dan melihat-lihat ke dalam?

그들이 저 안에 가서 구경할 수 있습니까?

4. (lalu)

Apakah mereka dibenarkan datang lalu melihat-lihat ke dalam?

그들이 저 안에 가서 구경할 수 있습니까?

V. Saya sudah tidak sabar ingin melihat rumah adat.

나는 전통가옥을 빨리 보고 싶습니다.

1. (mereka)

Mereka sudah tidak sabar ingin melihat rumah adat.

그들은 전통가옥을 빨리 보고 싶어 합니다.

2. (telah)

Mereka telah tidak sabar ingin melihat rumah adat.

그들은 전통가옥을 빨리 보고 싶어 합니다.

3. (mengunjungi)

Mereka telah tidak sabar ingin mengunjungi rumah adat.

그들은 전통가옥을 빨리 방문하고 싶어 합니다.

4. (museum nasional)

Mereka telah tidak sabar ingin mengunjungi museum nasional.

그들은 국립박물관을 빨리 방문하고 싶어 합니다.

확인학습

I. 다음 단어를 배열하여 주어진 의미가 되도록 문장을 완성하시오.

1. 우리는 지역문화관에 도착했습니다.
   (sekarang, sudah sampai, di anjungan daerah, kita)

2. 지역문화관은 인도네시아 각 지역의 전통 건축의 특색을 살린 전통 가옥입니다.
   (anjungan daerah, arsitektur tradisional, khas daerah di Indonesia, adalah, bangunan-bangunan rumah adat, yang bercirikan)

3. 이것 모두가 인도네시아 전통 가옥입니까?
   (ini semua, adalah, apakah, rumah adat Indonesia)

4. 여기 있는 건축물들은 규격뿐만 아니라 장식도 원형과 일치합니다.
   (sesuai dengan aslinya, baik ukuran, bangunan-bangunan di sini, dibuat, maupun hiasannya)

5. 이 지역문화관은 인도네시아군도의 보형을 딤은 호수 주위에 나란히 세워져 있습니다.
   (dibangun berderet, mengelilingi, anjungan daerah ini, juga, danau miniatur kepulauan Indonesia)

6. 이 전통가옥 안에는 무엇이 있습니까?

(rumah-rumah adat itu, ada, di dalam, apa saja)

7. 우리가 저 안에 들어가서 구경할 수 있습니까?

(apakah, dan, ke dalam, melihat-lihat, kita, boleh masuk)

8. 이 전통가옥과 건물들은 전시관으로도 사용됩니다.

(sebagai, bangunan dan rumah adat ini, juga digunakan, tempat pameran)

9. 그렇다면 이 지방문화관을 돌아보는 것은 인도네시아를 돌아보는 것과 같습니다.

(dengan mengelilingi, mengelilingi Indonesia, anjungan ini, kalau begitu, sama seperti, kita)

10. 나는 전통가옥을 빨리 보고 싶습니다.

(ingin melihat, rumah adat, saya, sudah tidak sabar)

제12과 간이서점에서
DI KIOS BUKU

12

본문

Seung Hwan : Amelia, bisa mengantar saya ke toko buku?
아멜리아, 나를 서점에 좀 데려다 줄 수 있어요?

Amelia : Tentu saja. Dengan senang hati.
물론이지요. 즐거운 마음으로.

Seung Hwan : Terima kasih. Di mana toko buku terdekat dari sini?
고마워요. 여기에서 가장 가까운 서점이 어디 있어요?

Amelia : Cukup banyak. Di Universitas Indonesia, di setiap fakultas ada toko buku. Biasanya disebut kios buku. Tetapi toko buku yang besar ada di pusat perbelanjaan.

꽤 많아요. 인도네시아대학교 안에는 각 단과대학마다 서점이 있어요. 일반적으로 '끼오스 부꾸'라고 해요. 하지만 대형 서점은 쇼핑센터 안에 입점해 있어요.

Yoon Ji : Apakah ada toko kecil di sekitar UI yang juga menjual buku, majalah atau komik?

인도네시아대학에 책은 물론이고 잡지, 만화 등을 파는 소형 가게가 있어요?

Amelia : Ya. Itu yang disebut kios buku. Mereka menjual buku baru dan buku bekas. Biasanya harganya lebih murah. Seung Hwan mau mencari buku apa?

그럼. 그게 바로 간이서점입니다. 그곳에서는 신간과 헌책을 팔아요. 대개 책값이 좀 싸지요. 승환 무슨 책을 사려고 해요?

Seung Hwan : Saya mau mencari buku pelajaran bahasa Indonesia.

나는 인도네시아어 교재를 사려고 해요.

Yoon Ji : Lho, bukannya Anda sudah punya buku-buku itu dari BIPA.

아, 당신 이미 인도네시아 어학원에서 출간한 그 책을 가지고 있었던 것 아닌가요?

Seung Hwan : Iya, Saya sudah punya. Tapi, Saya juga mau mencari buku komik dan majalah.
맞아요, 이미 가지고 있어요. 하지만 나는 만화책과 잡지도 사고 싶어요.

Amelia : Kalau begitu, kita ke kios buku saja.
그렇다면 우리 소형 서점으로 가요.

Seung Hwan : Baik.
좋아요.

***

Pedagang Buku : Cari buku apa, Dik?
무슨 책을 원합니까?

Amelia : Bang, kami mau mencari buku pelajaran bahasa Indonesia. Juga komik atau majalah untuk tambahan pelajaran bahasa Indonesia.
예. 우리는 인도네시아어 교재를 찾고 있어요. 그리고 인도네시아어 학습을 위한 추가 교재로 만화와 잡지도 필요해요.

Pedagang Buku : Oh, kalau buku pelajaran bahasa Indonesia, harus dicari dulu. Kalau majalah, komik, adik bisa mencari sendiri di situ.
아, 인도네시아어 교재는 찾아봐야 해요. 잡지와 만화는 저쪽에서 직접 찾아봐요.

Amelia : Baik, Bang. Terima kasih. Ayo, kita cari di situ.
좋아요. 감사합니다. 자, 우리 저쪽으로 가서 찾아요.

어휘공부

mengantar 데려다주다

tentu, tentu saja 물론

senang 기쁜, 즐거운

  Saya senang bertemu dengan Anda. 만나서 반갑습니다.

  senang hati 즐거운 마음

terdekat 가장 가까운

kios 소규모 가게

  kios buku 간이서점

pusat 센터

  pusat perbelanjaan 쇼핑센터

majalah 잡지

komik 만화

bekas 헌, 낡은

  buku bekas 헌책

문법설명

1 어조사 'saja'의 활용

인도네시어어에서 빈번하게 사용되는 어휘 중의 하나가 어조사 'saja'인데 그 기능은 다음과 같다.

1. 명령형에 'saja'를 붙여 다소 부드러운 어감을 준다.

Datang besok!
　내일 와라!

Datang saja besok!
　내일 오세요!

Minum obat ini setelah makan malam!
　저녁 식사 후 이 약을 복용해라!

Minum saja obat ini setelah makan malam!
　저녁 식사 후 이 약을 복용하세요!

Turun dari pohon itu!
　그 나무에서 내려와라!

Turun saja dari pohon itu!
　그 나무에서 내려오세요!

Keringkan rambutmu!
　네 머리를 말려라!

Keringkan saja rambutmu!
　네 머리를 말리도록 해!

2. 'hanya~saja'의 형태로 활용되어 '오직 ~뿐'의 의미를 갖는다.

Barang ini hanya untuk contoh saja, tidak untuk dijual.
이 물건은 단지 샘플일 뿐이지 판매할 것은 아니다.

Dia makan hanya bubur saja.
그는 오직 죽만 먹었다.

3. '(불확실한 상황을 표출하는) ~도, ~든지'의 의미를 갖는다.

Asal bermaksud baik, siapa saja boleh datang ke kantor saya.
의도만 좋다면 누구든지 애 사무실에 올 수 있다.

Mampirlah kapan saja!
언제든지 들려요!

4. '마음대로', '멋대로'의 의미를 갖는다.

Tanpa diperiksa lebih dahulu, dibawa saja orang itu ke kantor polisi.
사전조사도 하지 않고 그 사람을 제멋대로 경찰서로 데려갔다.

Tanpa proses hukum, Pramoedya dipenjarakan saja oleh rezim Orde Baru.
법적 철차없이 쁘라무디아를 신질서레짐이 제멋대로 투옥했다.

5. '(제안으로서) 더 좋은'의 의미를 갖는다.

Sudahlah, pulang saja, tidak usah ikut menjaga kakakmu di rumah sakit.
됐어, 돌아가는 게 좋겠어. 네 형을 병원에서 함께 지킬 필요 없어.

Berangkat saja lebih awal supaya tidak terlambat.
늦지않으려면 지금 출발하는 게 좋겠어.

6. '매우'의 의미를 갖는다.

Masalah itu dapat diselesaikannya dengan mudah saja.
그 문제는 아주 쉽게 해결할 수 있다.

Cepat saja dia menghabiskan makanan itu.
그는 그 음식을 아주 빨리 먹어치웠다.

문형연습

1. Amelia, bisa mengantar saya ke toko buku?
아멜리아, 나를 서점에 좀 데려다 줄 수 있습니까?

Tentu saja. Dengan senang hati.
물론이지요. 즐거운 마음으로.

2. Di mana toko buku terdekat dari sini?
여기에서 가까운 서점이 어디 있습니까?

Di sebelah sana.
저쪽에 있습니다.

3. Toko buku yang besar ada di mana?
대형 서점은 어디에 있습니까?

Toko buku yang besar ada di pusat perbelanjaan.
대형 서점은 쇼핑센터 안에 입점해 있습니다.

4. Apakah ada toko kecil di sini yang juga menjual buku dan majalah?
책과 잡지를 파는 소규모 가게가 여기 있습니까?

Ya, cukup banyak.
예, 꽤 많이 있습니다.

5. Anda mau beli buku apa?
무슨 책을 사려고 합니까?

Saya mau mencari buku pelajaran bahasa Indonesia.
나는 인도네시아어 교재를 사려고 합니다.

6. Bukannya Anda sudah punya buku-buku itu dari BIPA?
당신은 이미 BIPA에서 출간한 그 책을 가지고 있었던 것 아닙니까?

Iya, aku sudah punya.
맞아요, 이미 가지고 있어요.

7. Saya juga mau membeli buku komik dan majalah.
나는 만화책과 잡지도 사고 싶습니다.

Kalau majalah, komik, Anda bisa mencari sendiri di situ.
잡지와 만화는 저쪽에서 직접 찾아봐요.

8. Kalau begitu, kita ke kios buku saja.
그렇다면 우리 간이서점으로 가요.

Oke. Mari ke sana.
예, 그곳으로 갑시다.

9. Saya mau mencari juga majalah untuk tambahan pelajaran bahasa Indonesia.
나는 인도네시아어 학습을 위한 추가 교재로 잡지도 필요합니다.

Kalau buku pelajaran bahasa Indonesia, harus dicari dulu.
인도네시아어 교재는 찾아봐야 해요.

10. Kalau majalah dan komik, Anda bisa mencari sendiri di situ.
잡지와 만화는 저쪽에서 직접 찾아보기 바랍니다

Iya, terima kasih, Pak.
예, 감사합니다.

반복학습

I. Amelia, bisa mengantar saya ke toko buku nanti siang?

아멜리아, 나를 오늘 낮에 서점에 좀 데려다 줄 수 있습니까?

1. (Fian)

   Fian, bisa mengantar saya ke toko buku nanti siang?

   피안, 나를 오늘 낮에 서점에 좀 데려다 줄 수 있습니까?

2. (menemani)

   Fian, bisa menemani saya ke toko buku nanti siang?

   피안, 나와 함께 오늘 낮에 서점에 갈 수 있습니까?

3. (adik saya)

   Fian, bisa menemani adik saya ke toko buku nanti siang?

   피안, 내 동생과 함께 오늘 낮에 서점에 갈 수 있습니까?

4. (pasar swalayan)

   Fian, bisa menemani adik saya ke pasar swalayan nanti siang?

   피안, 내 동생과 함께 오늘 낮에 수퍼마켓에 갈 수 있습니까?

II. Apa Anda tahu di mana toko buku terdekat dari sini?

당신은 여기에서 가장 가까운 서점이 어디 있는지 압니까?

1. (dia)

   Apa dia tahu di mana toko buku terdekat dari sini?

   그는 여기에서 가장 가까운 서점이 어디 있는지 압니까?

2. (mal)

   Apa dia tahu di mana mal terdekat dari sini?

   그는 여기에서 가장 가까운 몰이 어디 있는지 압니까?

3. (mewah)

Apa dia tahu di mana mal mewah dari sini?
그는 여기에서 고급스러운 몰이 어디 있는지 압니까?

4. (sana)

Apa dia tahu di mana mal mewah dari sana?
그는 그곳에서 고급스러운 몰이 어디 있는지 압니까?

III. Toko buku yang besar ada di pusat perbelanjaan.

대형 서점은 쇼핑센터 안에 입점해 있습니다.

1. (toko baju)

Toko baju yang besar ada di pusat perbelanjaan.
대형 의류점은 쇼핑센터 안에 입점해 있습니다.

2. (bagus)

Toko baju yang bagus ada di pusat perbelanjaan.
멋진 의류점은 쇼핑센터 안에 입점해 있습니다.

3. (terdapat)

Toko baju yang bagus terdapat di pusat perbelanjaan.
멋진 의류점은 쇼핑센터 안에 입점해 있습니다.

4. (Blok M)

Toko baju yang bagus terdapat di Blok M.
멋진 의류점은 블록엠에 있습니다.

IV. Saya mau mencari buku pelajaran bahasa Indonesia di toko buku Gramedia.

나는 그라메디아 서점에서 인도네시아어 교재를 사려고 합니다.

1. (ia)

Ia mau mencari buku pelajaran bahasa Indonesia di toko buku Gramedia.

그는 그라메디아 서점에서 인도네시아어 교재를 사려고 합니다.

2. (mendapat)

Ia mau mendapat buku pelajaran bahasa Indonesia di toko buku Gramedia.

그는 그라메디아 서점에서 인도네시아어 교재를 사려고 합니다.

3. (kamus bahasa Indonesia)

Ia mau mendapat kamus bahasa Indonesia di toko buku Gramedia.

그는 그라메디아 서점에서 인도네시아어 사전을 사려고 합니다.

4. (toko buku Gunung Agung)

Ia mau mendapat kamus bahasa Indonesia di toko buku Gunung Agung.

그는 구눙아궁 서점에서 인도네시아어 사전을 사려고 합니다.

V. Kalau majalah dan komik, Anda bisa mencari sendiri di situ.

잡지와 만화는 저쪽에서 당신이 직접 찾을 수 있습니다.

1. (novel Bumi Manusia)

   Kalau novel Bumi Mansusia, Anda bisa mencari sendiri di situ.

   소설 <인간의 대지>는 저쪽에서 당신이 직접 찾을 수 있습니다.

2. (dia)

   Kalau novel Bumi Mansusia, dia bisa mencari sendiri di situ.

   소설 <인간의 대지>는 저쪽에서 그가 직접 찾을 수 있습니다.

3. (membeli)

   Kalau novel Bumi Mansusia, dia bisa membeli sendiri di situ.

   소설 <인간의 대지>는 저쪽에서 그가 직접 살 수 있습니다.

4. (di Gramedia)

   Kalau novel Bumi Mansusia, dia bisa membeli sendiri di Gramedia.

   소설 <인간의 대지>는 그라메디아에서 그가 직접 살 수 있습니다.

확인학습

I. 다음 단어를 배열하여 주어진 의미가 되도록 문장을 완성하시오.

1. 나를 서점에 좀 데려다 줄 수 있습니까?
   (saya, bisa, mengantar, ke toko buku)

2. 여기에서 가까운 서점이 어디 있습니까?
   (di mana, terdekat, dari sini, toko buku)

3. 대형 서점은 쇼핑센터 안에 입점해 있습니다.
   (toko buku, ada, di pusat perbelanjaan, yang besar)

4. 책과 잡지를 파는 소규모 가게가 여기 있습니까?
   (apakah ada, di sini, yang juga menjual, toko kecil, buku dan majalah)

5. 나는 인도네시아어 교재를 사려고 합니다.
   (buku pelajaran, saya mau, mencari, bahasa Indonesia)

6. 당신은 이미 BIPA에서 출간한 그 책을 가지고 있었던 것 아닙니까?
   (bukannya, sudah punya, buku-buku itu, dari BIPA, Anda)

7. 나는 만화책과 잡지도 사고 싶습니다.

(saya, membeli, dan majalah, buku komik, juga mau)

8. 그렇다면 우리 소형 서점으로 가자.

(kalau begitu, ke, kios buku saja, kita)

9. 나는 인도네시아어 학습을 위한 추가 교재로 잡지도 필요합니다.

(mau mencari juga, bahasa Indonesia, majalah, saya, untuk tambahan pelajaran)

10. 잡지와 만화는 저쪽에서 직접 찾아보기 바랍니다.

(kalau majalah dan komik, di situ, Anda, bisa mencari sendiri)

제13과 전화번호 문의

MENANYAKAN NOMOR TELEPON

13

본문

Dong Hoon : Amelia, kapan liburan akhir semester di FIB-UI?
아멜리아, 인도네시아대학교 문과대학의 방학이 언제지요?

Amelia : Saya lupa tanggalnya.
언제인지 잊어버렸어요.

Dong Hoon : Bisa kita bertanya di bagian administrasi FIB?
우리 문과대학 행정사무실에 문의할 수 있나요?

Amelia : Tentu saja. Kita juga bisa telepon, kok.
물론이지요. 전화로 물어볼 수도 있기는 해요.

Dong Hoon : Ya. Nomor teleponnya berapa?
그래요. 전화번호가 어떻게 되지요?

Amelia : Saya juga lupa nomornya.
번호를 잊었네요.

Dong Hoon : Anda bagaimana? Semua lupa!
당신 어떻게 된 거예요? 모두 잊어버리고.

Amelia : Tapi jangan khawatir. Kita bisa telepon ke 108.
하지만 염려 말아요. 108번으로 전화하면 돼요.

Dong Hoon : Itu nomor siapa?
그것은 누구 전화번호지요?

Amelia : Itu nomor telepon Telkom. Dia biasa menjawab semua pertanyaan seputar nomor telepon dari pelanggannya.
그것은 전화국의 전화번호입니다. 그곳으로 전화하면 가입자들의 전화번호를 알려주지요.

Dong Hoon : Oh, begitu. Silakan telepon dia.
아, 그래요. 그곳으로 전화해 봐요.

Amelia : Selamat pagi. Ini nomor 108, bagian penerangan?
좋은 아침입니다. 108번 안내번호이지요?

Petugas : Selamat pagi. Betul. Ada yang bisa kami bantu?
좋은 아침입니다. 맞습니다. 무엇을 도와드릴까요?

Amelia : Mbak, kalau nomor telepon Fakultas Ilmu Pengetahan Budaya Universitas Indonesia berapa?
인도네시아대학교 문과대학 전화번호를 알 수 있을까요?

Petugas : Tunggu sebentar. Oh, ini. Anda bisa menghubungi Fakultas Ilmu Pengetahuan Budaya, nomor teleponnya: 021-7270110 atau telepon langsung: 021-7863528 dan 021-7863529.
잠깐만요. 아, 여기 있네요. 문과대학 전화번호는 021-7270110입니다. 혹은 직통으로 021-7863528 또는 021-7863529번으로 해도 됩니다.

Amelia : Oh, begitu. Terima kasih, Mbak.
아, 그렇군요. 감사합니다.

Petugas : Ada lagi yang bisa kami bantu.
더 도와드릴 것 있습니까?

Amelia : Oh, sudah. Terima kasih, Mbak. Selamat pagi.
아닙니다, 됐습니다. 감사합니다. 좋은 아침입니다.

Petugas : Terima kasih kembali. Selamat pagi.
천만에요. 좋은 아침 보내세요.

어휘공부

liburan 방학, 휴가

akhir 마지막, 끝

akhir semester 학기말

administrasi 행정

lupa 잊다, 망각하다

lupa-lupa ingat 긴가민가하다

khawatir 염려하는, 염려되는

pelanggan 고객, 손님

penerangan 공보, 홍보

alat penerangan 홍보물, 홍보자료

menghubungi 접촉하다, 만나다

문법설명

1 형태는 명사, 기능은 동사

인도네시아어를 접하다보면 형태는 명사이나 기능은 동사인 경우가 있다. 이것은 접두사를 뺀 형태로 활용되는 경우이다.

Sudah dua tahun saya kursus bahasa Inggris di tempat itu.
나는 그곳에서 두 달 동안 영어학원에 다녔다.

Kakak saya tidak kuliah di Fakultas Hukum, melainkan di Fakultas Ilmu Pengetahuan Budaya Universitas Indonesia.
나의 형은 인도네시아대학교 법과대학이 아니라 문과대학에 다닌다.

Fian sekolah di SMA 7 yang terletak di Pasar Minggu.
피안은 빠사르 밍구 소재 제7고등학교에 다닌다.

Jangan lupa telepon kepada saya setiba di Surabaya.
수라바야에 도착하자마자 나에게 전화하는 것 잊지마.

Ayah Anda kerja di mana?
당신 아버지는 어디에서 일합니까?

Kata dokter, Bambang perlu istirahat setidak-tidaknya selama dua minggu.
의사 선생님은 밤방이 적어도 두 주 동안 휴식이 필요하다고 했다.

Mereka yang beragama Islam sembahyang di masjid setiap Jumat siang.
이슬람교도들은 매주 금요일 낮에 사원에서 예배를 봅니다.

Bekerja sambil nyanyi dapat mengurangi kelalahan.
노래부르며 일을 하면 피로를 줄일 수 있다.

Saya sarapan dua potong roti dan secangkir kopi.
나는 빵 두 쪽과 커피 한 잔으로 아침식사를 했다.

문형연습

1. Kapan liburan akhir semester di FIB-UI?
   인도네시아대학교 문과대학의 학기말 방학이 언제입니까?

   Setahu saya, akhir bulan Desember.
   제가 알기로는 12월 말입니다.

2. Apa Anda tahu tanggal berapa Hari Guru?
   스승의 날이 언제인지 압니까?

   Saya lupa tanggalnya.
   나는 날짜를 잊어버렸습니다.

3. Dokumen apa yang harus saya serahkan kepada pihak universitas?
   대학 측에 어떤 서류를 제출해야 합니까?

   Kita bisa bertanya di bagian administrasi FIB.
   우리 문과대학 행정사무실에 문의해볼 수 있습니다.

4. Kita juga bisa telepon, kok.
   전화로 물어볼 수도 있기는 해요.

   O, begitu.
   아, 그렇군요.

5. Saya juga lupa nomornya.
   나는 번호도 잊어버렸습니다.

   Tapi jangan khawatir. Kita bisa telepon ke 108.
   하지만 염려 말아요. 108번으로 전화하면 돼요.

6. Itu nomor siapa?
그것은 누구 전화번호지요?

Itu nomor telepon Telkom.
그것은 전화국의 안내전화번호입니다.

7. Oh, begitu. Silakan telepon dia.
아, 그래요. 그곳으로 전화해 봐요.

Ya. Dia biasa menjawab semua pertanyaan seputar nomor telepon dari pelanggannya.
예. 그들은 가입자들의 전화번호 문의에 대한 답변을 해줍니다.

8. Ada yang bisa kami bantu?
무엇을 도와드릴까요?

Kalau nomor telepon Fakultas Ilmu Pengetahan Budaya Universitas Indonesia berapa?
인도네시아대학교 문과대학 전화번호를 알 수 있을까요?

9. Silakan telepon dia.
그에게 전화해 보세요.

Boleh saya dapat nomor teleponnya?
그의 전화번호를 알 수 있을까요?

10. Ada lagi yang bisa kami bantu.
더 도와드릴 것 있습니까?

Oh, sudah. Terima kasih, Mbak. Selamat pagi.
아닙니다, 됐습니다. 감사합니다. 좋은 아침입니다.

반복학습

I. Kasihtahu dia kapan liburan akhir semester di Universitas Indonesia.

인도네시아대학교의 학기말 방학이 언제인지 그에게 알려주세요.

1. (beritahu)

Beritahu dia kapan liburan akhir semester di Universitas Indonesia.

인도네시아대학교의 학기말 방학이 언제인지 그에게 알려주세요.

2. (saya)

Beritahu saya kapan liburan akhir semester di Universitas Indonesia.

인도네시아대학교의 학기말 방학이 언제인지 나에게 알려주세요.

3. (ujian)

Beritahu saya kapan ujian akhir semester di Universitas Indonesia.

인도네시아대학교의 학기말 시험이 언제인지 나에게 알려주세요.

4. (pertengahan semester)

Beritahu saya kapan ujian pertengahan semester di Universitas Indonesia.

인도네시아대학교의 중간시험이 언제인지 나에게 알려주세요.

II. Kelihatannya saya lupa tanggal lahir ayah saya.

나는 아버지의 생일을 잊어버린 것 같습니다.

1. (sepertinya)

Sepertinya saya lupa tanggal lahir ayah saya.

나는 아버지의 생일을 잊어버린 것 같습니다.

2. (adik saya)

Sepertinya adik saya lupa tanggal lahir ayah saya.

내 동생은 아버지의 생일을 잊어버린 것 같습니다.

3. (tanggal kematian)

Sepertinya adik saya lupa tanggal kematian ayah saya.

내 동생은 아버지가 돌아가신 날을 잊어버린 것 같습니다.

4. (ibu saya)

Sepertinya adik saya lupa tanggal kematian ibu saya.

내 동생은 어머니가 돌아가신 날을 잊어버린 것 같습니다.

III. Bisa kita bertanya di bagian pemasaran PT. Spotec nanti siang?

우리는 오늘 낮에 스포텍 회사의 영업부서에 문의할 수 있습니까?

1. (saya)

Bisa saya bertanya di bagian pemasaran PT. Spotec nanti siang?

내가 오늘 낮에 스포텍 회사의 영업부서에 문의할 수 있습니까?

2. (bagian humas)

Bisa saya bertanya di bagian humas PT. Spotec nanti siang?

내가 오늘 낮에 스포텍 회사의 홍보부서에 문의할 수 있습니까?

3. (PT. Maninda)

Bisa saya bertanya di bagian humas PT. Maninda nanti siang?

내가 오늘 낮에 마닌다 회사의 홍보부서에 문의할 수 있습니까?

4. (besok pagi)

Bisa saya bertanya di bagian humas PT. Maninda besok pagi?

내가 내일 아침에 마닌다 회사의 홍보부서에 문의할 수 있습니까?

IV. Sepertinya saya juga sudah lupa nomor telepon rumanya.

나 역시 그의 집 전화번호를 잊어버린 것 같습니다.

1. (nampaknya)

Nampaknya saya juga sudah lupa nomor telepon rumahnya.

나 역시 그의 집 전화번호를 잊어버린 것 같습니다.

2. (dia)

Nampaknya dia juga sudah lupa nomor telepon rumahnya.

그 역시 그의 집 전화번호를 잊어버린 것 같습니다.

3. (telah)

Nampaknya dia juga telah lupa nomor telepon rumahnya.

그 역시 그의 집 전화번호를 잊어버린 것 같습니다.

4. (HPnya)

Nampaknya dia juga telah lupa nomor HPnya.

그 역시 그의 집 휴대폰 전화번호를 잊어버린 것 같습니다.

V. Dia biasa menjawab semua pertanyaan seputar nomor telepon dari pelanggannya.

그는 가입자들의 전화번호 관련 문의에 대한 모든 답변을 해줍니다.

1. (mereka)

Mereka biasa menjawab semua pertanyaan seputar nomor telepon dari pelanggannya.

그들은 가입자들의 전화번호 관련 문의에 대한 모든 답변을 해줍니다.

2. (umumnya)

Mereka umumnya menjawab semua pertanyaan seputar nomor telepon dari pelanggannya.

그들은 가입자들의 전화번호 관련 문의에 대한 모든 답변을 해줍니다.

3. (permintaan)

Mereka umumnya menjawab semua permintaan seputar nomor telepon dari pelanggannya.

그들은 가입자들의 전화번호 관련 요구에 대한 모든 답변을 해줍니다.

4. (konsumennya)

Mereka umumnya menjawab semua permintaan seputar nomor telepon dari konsumennya.

그들은 소비자들의 전화번호 관련 요구에 대한 모든 답변을 해줍니다.

확인학습

I. 다음 단어를 배열하여 주어진 의미가 되도록 문장을 완성하시오.

1. 인도네시아대학교 문과대학의 방학이 언제입니까?
   (kapan, liburan, akhir semester, di FIB-UI)

2. 나는 날짜를 잊어버렸습니다.
   (lupa, saya, tanggalnya)

3. 우리 문과대학 행정사무실에 문의해볼까요?
   (administrasi FIB, bisa, di bagian, kita, bertanya)

4. 전화로 물어볼 수도 있기는 해요.
   (bisa telepon, kita, juga, kok)

5. 나는 번호도 잊어버렸습니다.
   (juga, lupa, saya, nomornya)

6. 그녀는 가입자들의 전화번호 문의에 대한 답변을 해줍니다.
   (dia, semua pertanyaan, seputar nomor telepon, biasa menjawab, dari pelanggannya)

7. 무엇을 도와드릴까요?

(yang, bisa, ada, kami, bantu)

8. 인도네시아대학교 문과대학 전화번호를 알 수 있을까요?

(Fakultas Ilmu Pengetahan Budaya, kalau, berapa, nomor telepon, Universitas Indonesia)

9. 그에게 전화해 보세요.

(telepon, silakan, dia)

10. 천만에요. 좋은 아침 보내세요.

(terima kasih, pagi, kembali, selamat)

제14과 메단에서 온 친구

TEMAN DARI MEDAN

14

본문

Amelia : Halo …

여보세요.

Intan Lubis : Halo … Selamat pagi.

여보세요. 좋은 아침입니다.

Amelia : Selamat pagi.

좋은 아침입니다.

Intan Lubis : Maaf, mau tanya. Apakah benar ini nomor Amelia?
실례합니다. 좀 물어보겠습니다. 이 번호가 아멜리아 번호인가요?

Amelia : Betul. Ada apa?
맞는데요. 무슨 일입니까?

Intan Lubis : Saya Intan Lubis dari Medan. Saya mau berbicara dengan Amelia. Wah, Anda Amelia, kan?
나는 메단에 사는 인딴입니다. 아멜리아와 통화하고 싶은데요. 와, 당신 아멜리아이지요?

Amelia : Ya, Intan. Ini Amelia. Apa kabar?
맞아요, 인딴. 나 아멜리아입니다. 잘 지냈어요?

Intan : Hai, Amelia! Apa kabar? Kami di Medan baik-baik saja. Bagaimana kabar keluarga Anda?
하이, 아멜리아! 잘 지냈어요? 우리는 메단에서 잘 지내고 있어요. 당신 가족은 어때요?

Amelia : Semua baik. Ada apa jauh-jauh dari Medan menelepon?
모두 잘 있어요. 무슨 일로 이렇게 멀리에서 전화를 했어요?

Intan : Begini, besok saya mau ke UI. Bisa kita bertemu? Saya mau mencari bahan penelitian di Perpustakaan UI. Anda bisa mengantar saya ke sana?
아, 내일 내가 인도네시아대학교에 가려고 해요. 우리 만날 수 있을까요? 나는 인도네시아대학교 도서관에서 연구자료를 찾고 싶어요. 나를 그곳에 데려갈 수 있겠어요?

Amelia : Tentu saja bisa. Saya akan mengantar Anda ke sana.

물론이지요. 내가 데리고 갈게요.

Intan : Terima kasih. Tapi, bagaimana caranya kita bertemu?

고마워요. 그런데 우리 어떻게 만나지요?

Amelia : Begini saja. Dari Bandara Soekarno-Hatta, Anda naik bus Damri tujuan ke Pasar Minggu. Nanti Anda turun di Pasar Minggu. Dari sana, Anda naik taksi saja ke kampus UI. Sesampainya di kampus UI, Anda tanya Perpustakaan Pusat UI. Saya akan menunggu di sana. Bagaimana?

이렇게 해요. 수까르노-핫따 공항에서 빠사르 밍구 행 공항버스를 타도록 해요. 그 다음에 빠사르 밍구에서 내려요. 거기에서 인도네시아대학 교정까지는 택시를 타면 돼요. 인도네시아대학교 교정에 와서는 중앙도서관이 어디인지 물어봐요. 내가 그곳에서 기다릴게요. 어때요?

Intan : Baik kalau begitu. Saya dari Medan naik pesawat pertama jam enam pagi. Sampai di Jakarta, mungkin sekitar jam delapan. Saya langsung ke UI. Anda tunggu di sana, ya?

그렇다면 좋아요. 나는 메단에서 여섯 시에 출발하는 첫 비행기를 탈게요. 자카르타에 도착하면 여덟시 쯤 될거예요. 내가 곧바로 인도네시아대학으로 갈테니 당신은 거기서 기다리고 있어요, 알았지요?

Amelia : Baik. Sampai jumpa besok!
좋아. 내일 봐요.

Intan : Sampai jumpa besok.
내일 봐요.

어휘공부

ada 있다
  Ada apa? 무슨 일인가요?

jauh 먼, 멀리 있는

bahan 자료
  bahan bakar 연료
  bahan baku 원자재
  bahan penelitian 연구자료
  sembilan bahan pokok (sembako) 9개 생활필수품

perpustakaan 도서관

mengantar 데려다주다

bandara 공항

tujuan 목적, 목적지

pesawat 비행기

langsung 곧바로, 직접적인
  demokrasi langsung 직접민주주의
  siaran langsung 생방송, 실황방송

문법설명

1 접두사 se-의 의미

1. 가장 대표적인 의미로 <하나>의 의미가 있다.

Santi makan seporsi nasi goreng tadi siang.
산띠는 오늘 낮에 볶음밥 1인분을 먹었다.

Saya membeli sebuah rumah di Pondok Indah.
나는 뽄독 인다에 집 한 채를 샀다.

2. 불확실한 <어떤>의 의미가 있다.

Seseorang memberi telepon kemarin.
어떤 한 사람에 어제 전화를 걸어왔다.

Saya kehilangan sesuatu di dalam bus.
나는 버스에서 무엇인가를 잃어버렸다.

3. 명사가 어근인 단어에 접두되어 <같은>의 의미로 사용된다.

Dia sesekolah dengan saya.
그는 나와 같은 학교에 다닌다.

Hasan sekamar dengan Ahmat.
하산과 아흐맛은 방을 같이 쓴다.

4. 형용사가 어근인 단어에 접두되어 <~과 같은 규모나 크기의>의 의미를 갖는다.

Gadis itu secantik bidadari.
그 소녀는 선녀처럼 예쁘다.

Gungung itu setinggi langit.
그 산은 하늘처럼 높다.

5. 동사가 어근인 단어에 접두되어 <~한 연후에>, <~하자마자>의 의미를 갖는다.

Sepulangnya dari luar negeri, dia jatuh sakit.
외국에서 귀국하자마자 그는 몸져누웠다.

Setibanya di Jakarta, dia langsung mengunjungi Taman Mini Indonesia Indah.
자카르타에 도착하자마자 그는 곧바로 민속촌에 갔다.

6. <지난>의 의미로 사용된다.

Tengsoe menonton film semalam.
뗑수는 엊저녁에 영화를 보았다.

7. <~만큼>, <~하는 한>의 의미를 갖는다.

Makan saja semau Anda.
당신이 원하는 만큼 드시오.

Setahu saya, dia belum menikah.
내가 아는 한 그는 아직 미혼이다.

문형연습

1. Apakah benar ini nomor Amelia?
   이 번호가 아멜리아 번호입니까?

   Betul. Ada apa?
   맞는데요. 무슨 일입니까?

2. Saya mau berbicara dengan Amelia.
   나는 아멜리아와 통화하고 싶습니다.

   Saya sendiri.
   제가 아멜리아입니다.

3. Bagaimana kabar Anda?
   어떻게 지냅니까?

   Saya baik-baik saja di sini.
   나는 여기서 잘 지내고 있습니다.

4. Bagaimana kabar keluarga Anda di Medan?
   메단에 있는 당신 가족은 어떻게 지냅니까?

   Semua baik-baik saja.
   모두 잘 지냅니다.

5. Ada apa jauh-jauh dari Medan menelepon?
   무슨 일로 이렇게 멀리에서 전화를 했습니까?

   Besok saya mau ke Jakarta. Bisa kita bertemu?
   내일 내가 자카르타에 가려고 해요. 우리 만날 수 있을까요?

6. Anda mau mengerjakan apa besok?
내일 무엇을 할 예정입니까?

Aku mau mencari bahan penelitian di Perpustakaan UI.
나는 인도네시아대학교 도서관에서 연구자료를 찾으려고 합니다.

7. Anda bisa mengantar saya ke sana?
당신은 나를 그곳에 데려다 줄 수 있습니까?

Tentu saja bisa. Saya akan mengantar Anda ke sana.
물론이지요. 내가 데리고 갈게요.

8. Bagaimana caranya kita bertemu?
우리는 어떻게 만납니까?

Saya akan menjemput Anda di bandara.
내가 공항으로 데리러갈게요.

9. Dari Bandara Soekarno-Hatta, Anda naik bus Damri tujuan ke Pasar Minggu.
수까르노-핫따 공항에서 빠사르 밍구 행 공항버스를 타도록 해요.

Oke, terima kasih.
예, 감사합니다.

10. Saya dari Medan naik pesawat pertama jam enam pagi.
나는 메단에서 여섯 시에 출발하는 첫 비행기를 탑니다.

Baik. Sampai jumpa besok!
좋아. 내일 봐요.

반복학습

I. Apakah benar ini nomor Amelia dari Medan?

이 번호가 메단의 아멜리아 번호 맞습니까?

1. (betul)

Apakah betul ini nomor Amelia dari Medan?

이 번호가 메단의 아멜리아 번호 맞습니까?

2. (itu)

Apakah betul itu nomor Amelia dari Medan?

그 번호가 메단의 아멜리아 번호 맞습니까?

3. (Fian)

Apakah betul itu nomor Fian dari Medan?

그 번호가 메단의 피안 번호 맞습니까?

4. (Purwakarta)

Apakah betul itu nomor Fian dari Purwakarta?

그 번호가 뿌르와까르따의 피안 번호 맞습니까?

II. Saya mau berbicara dengan Amelia.

나는 아멜리아와 통화하고 싶습니다.

1. (Dia)

Dia mau berbicara dengan Amelia.

그는 아멜리아와 통화하고 싶어 합니다.

2. (akan)

Dia akan berbicara dengan Amelia.

그는 아멜리아와 통화할 것입니다.

3. (bercakap)

Dia akan bercakap dengan Amelia.

그는 아멜리아와 이야기할 것입니다.

4. (Nanda)

Dia akan bercakap dengan Nanda.

는 난다와 이야기할 것입니다.

III. Sekarang kami di Medan baik-baik saja.

지금 우리는 메단에서 잘 지내고 있습니다.

1. (saat ini)

Saat ini kami di Medan baik-baik saja.

지금 우리는 메단에서 잘 지내고 있습니다.

2. (ayah saya)

Saat ini ayah saya di Medan baik-baik saja.

지금 제 아버지는 메단에서 잘 지내고 있습니다.

3. (Surabaya)

Saat ini ayah saya di Surabaya baik-baik saja.

지금 제 아버지는 수라바야에서 잘 지내고 있습니다.

4. (sehat-sehat saja)

Saat ini ayah saya di Surabaya sehat-sehat saja.

지금 제 아버지는 수라바야에서 건강하게 지내고 있습니다.

IV. Anda bisa mengantar saya ke sana sekarang?

당신은 나를 지금 그곳에 데려다 줄 수 있습니까?

1. (kalian)

Kalian bisa mengantar saya ke sana sekarang?

당신들은 나를 지금 그곳에 데려다 줄 수 있습니까?

2. (bersedia)

Kalian bersedia mengantar saya ke sana sekarang?

당신들은 나를 지금 그곳에 데려다 줄 수 있습니까?

3. (adik saya)

Kalian bersedia mengantar adik saya ke sana sekarang?

당신들은 내 동생을 지금 그곳에 데려다 줄 수 있습니까?

4. (ke Taman Mini)

Kalian bersedia mengantar adik saya ke Taman Mini sekarang?

당신들은 내 동생을 지금 따만미니에 데려다 줄 수 있습니까?

V. Saya dari Medan naik pesawat pertama jam enam pagi.

나는 메단에서 여섯 시에 출발하는 첫 비행기를 탑니다.

1. (kakak saya)

Kakak saya dari Medan naik pesawat pertama jam enam pagi.

나의 형은 메단에서 여섯 시에 출발하는 첫 비행기를 탑니다.

2. (Bali)

Kakak saya dari Bali naik pesawat pertama jam enam pagi.

나의 형은 발리에서 여섯 시에 출발하는 첫 비행기를 탑니다.

3. (kedua)

Kakak saya dari Bali naik pesawat kedua jam enam pagi.
나의 형은 발리에서 여섯 시에 출발하는 두 번째 비행기를 탑니다.

4. (jam delapan)

Kakak saya dari Bali naik pesawat kedua jam delapan pagi.
나의 형은 발리에서 여덟 시에 출발하는 두 번째 비행기를 탑니다.

확인학습

I. 다음 단어를 배열하여 주어진 의미가 되도록 문장을 완성하시오.

1. 이 번호가 아멜리아 번호입니까?
   (apakah, ini, nomor Amelia, benar)

2. 나는 아멜리아와 통화하고 싶습니다.
   (mau berbicara, saya, dengan Amelia)

3. 우리는 메단에서 잘 지내고 있습니다.
   (kami, baik-baik saja, di Medan)

4. 메단에 있는 당신 가족은 어떻게 지냅니까?
   (keluarga Anda, di Medan, bagaimana, kabar)

5. 무슨 일로 이렇게 멀리에서 전화를 했습니까?
   (ada apa, menelepon, jauh-jauh, dari Medan)

6. 나는 인도네시아대학교 도서관에서 연구자료를 찾으려고 합니다.
   (aku, bahan penelitian, mau mencari, di Perpustakaan UI)

7. 당신은 나를 그곳에 데려갈 수 있습니까?

(Anda, saya, ke sana, bisa mengantar)

8. 우리는 어떻게 만납니까?

(bagaimana, bertemu, caranya, kita)

9. 수까르노-핫따 공항에서 빠사르 밍구 행 공항버스를 타도록 해요.

(naik bus Damri, dari Bandara Soekarno-Hatta, Anda, Pasar Minggu, tujuan ke)

10. 나는 메단에서 여섯 시에 출발하는 첫 비행기를 탑니다.

(saya, jam enam pagi, dari Medan, naik, pesawat pertama)

제15과 친구집에 들르다

MAMPIR DI RUMAH TEMAN

15

본문

Amelia : Dong Hoon, bagaimana kalau kita mampir dulu di rumah teman-teman saya?

동훈, 우리 친구들 집에 먼저 들르는 것은 어때요?

Dong Hoon : Ya, boleh. Rumahnya di mana?

좋아요. 친구 집이 어디입니까?

Amelia : Di Bogor. Tidak jauh dari Kebun Raya Bogor. Anda tidak apa-apa kan bertemu dengan teman-teman saya?

보고르에 있어요. 보고르식물원에서 가까워요. 내 친구들 만나는 것 괜찮지요?

Dong Hoon : Tidak apa-apa. Malah senang, saya bisa berkenalan dengan teman baik Anda.

괜찮아요. 오히려 즐겁습니다, 당신의 좋은 친구들과 알고지낼 수 있으니까요.

***

Amelia : Hallo, teman-teman. Apa kabar?

할로, 친구들. 잘 지냈어요?

Agga+Sassa : Hallo....

할로.

Agga : Wah, ada tamu dari jauh. Kabar kami baik.

와, 멀리에서 친구가 왔네요. 우리들은 잘 지내요.

Amelia : Iya. Saya khusus datang ke sini untuk memberikan kalian oleh-oleh. Tapi nanti saja oleh-olehnya ada di mobil.

그래. 나는 당신들에게 선물을 주려고 일부러 왔어요. 선물은 차 안에 있으니 이따 줄게요.

Sassa : Ya, ampun, tidak usah repot-repot.

어머나, 괜히 힘들게 그럴 필요 없어요.

Agga : Memangnya kalian dari mana?
그런데 어디에서들 오는 길인가요?

Amelia : Saya dan teman saya dari Korea habis tamasya dari Taman Safari. Perkenalkan ini namanya Kim Dong Hoon.
나와 한국에서 온 이 친구는 따만 사파리에 놀러갔다 오는 길입니다. 소개할게요. 이 친구 이름은 김동훈입니다.

Dong Hoon : Hallo...
할로

Agga+Sassa : Hallo...
할로

Sassa : Kalau begitu, kita ngobrol di dalam saja, yuk.
그럼 우리 안으로 들어가서 이야기해요.

Amelia : Ayo.
그래요.

어휘공부

mampir 들르다

Dalam perjalanan pulang ke Indonesia, ia mampir di Singapura.

인도네시아로 돌아오는 길에 그는 싱가포르에 들렀다.

malah 오히려, 반면에

Setelah minum obat itu, ayah saya tidak menjadi baik, malah bertambah sakitnya.

그 약을 복용한 후 아버지는 차도가 없었고 오히려 상태가 더 나빠졌다.

khusus 특별히

edisi khusus 특별호

oleh-oleh 선물

ampun 용서하다

tidak usah ~필요없다

merepotkan 귀찮게하다, 괴롭히다

kalian 당신들

habis 끝나다

mengobrol 담소하다, 한담하다

Tadi pagi mereka mengobrol di warung kopi itu.

오늘 아침에 그들은 커피숍에서 담소했다.

문법설명

1 반복어 형식으로 강조

1. 인도네시아어에서 형용사나 부사를 반복함으로서 본래의 의미를 강조를 나타낼 수 있다.

Tujuh bidadari yang tengah memijakkan kaki di marcapada semua cantik-cantik.

이 땅에 내려오는 일곱 선녀들은 모두 아름다웠다.

Bagus-bagus pemandangannya Danau Toba yang terlihat dari pesawat terbang.

기내에서 바라보는 또바 호수의 경치는 매우 아름다웠다.

Sepertinya ia rcpot repot mengurus usahanya.

그가 사업을 하는데 많은 어려움이 있는 듯하다.

Ia berasal dari desa terpencil yang jauh-jauh.

그는 아주 멀리 떨어진 오지 출신이다.

Aromanya harum-harum menyesakkan napas Jaka Tarub.

아주 향기로운 내음으로 자까 따룹은 숨이 막힐 지경이었다.

2 분철

분철은 원칙적으로 음절 단위로 이루어진다. 대화체의 문장에서 접두사를 뺀 형태에 유의한다.

Setiap sore mereka ngobrol di warung kopi.

매일 오후에 그들은 찻집에서 담소를 나누었다.

Karena begadang semalam, ia ngantuk di dalam kelas.

엊저녁에 잠을 안 잤기 때문에 그는 교실에서 졸았다.

Kalau Anda tidak mampu menyelesaikan sendiri, saya bersedia ngurusnya sampai selesai.

만약 당신 스스로 일을 마칠 수 없으면 내가 끝날 때까지 도와주겠습니다.

Samsul ngajari saya naik sepeda.

삼술은 나에게 자전거 타기를 가르쳐주었다.

문형연습

1. Bagaimana kalau kita mampir dulu di rumah teman-temanku?

   내 친구들 집에 먼저 들르는 건 어떻습니까?

   Ya, boleh.

   좋아요.

2. Rumahnya di mana?

   친구 집이 어디입니까?

   Rumahnya di Bogor.

   보고르입니다.

3. Apa rumahnya tidak jauh dari Kebun Raya Bogor?

   그의 집이 보고르식물원에서 가깝습니까?

   Ya, betul. Tidak jauh dari Kebun Raya Bogor.

   예, 맞습니다. 보고르식물원에서 가깝습니다.

4. Anda tidak apa-apa kan bertemu dengan teman-temanku?

   내 친구들 만나는 것 괜찮지요?

   Tentu tidak apa-apa.

   물론 괜찮지요.

5. Malah senang, saya bisa berkenalan dengan teman baik Anda.

   오히려 즐겁습니다, 당신이 좋은 친구들과 알고지낼 수 있으니까요.

   Terima aksih.

   감사합니다.

6. Saya khusus datang ke sini untuk memberikan Anda oleh-oleh.
나는 당신에게 선물을 주려고 일부러 이곳에 왔습니다.

Ya, ampun, tidak usah repot-repot.
어머나, 괜히 힘들게 그럴 필요 없어요.

7. Tapi nanti saja oleh-olehnya ada di mobil.
하지만 선물은 차 안에 있으니 이따 줄게요.

Terima kasih.
감사합니다.

8. Memangnya kalian dari mana?
그런데 당신들은 어디에서 오늘 길입니까?

Kami habis tamasya dari Taman Safari.
우리는 따만 사파리에 놀러갔다 오는 길입니다.

9. Perkenalkan, ini teman saya Kim Dong Hoon.
소개할게요. 이 사람은 제 친구 김동훈입니다.

Saya senang bertemu dengan Anda.
만나서 반갑습니다.

10. Kalau begitu, kita ngobrol di dalam saja yuk.
그럼 우리 안으로 들어가서 이야기합시다.

Ayo.
그래요.

반복학습

I. Bagaimana kalau kita mampir dulu di rumah teman-temanku?

우리가 내 친구들 집에 먼저 들르는 것은 어떻습니까?

1. (kalian)

Bagaimana kalau kalian singgah dulu di rumah teman-temanku?

여러분들이 내 친구들 집에 먼저 들르는 것은 어떻습니까?

2. (singgah)

Bagaimana kalau kalian singgah dulu di rumah teman-temanku?

여러분들이 내 친구들 집에 먼저 들르는 것은 어떻습니까?

3. (kantor)

Bagaimana kalau kalian singgah dulu di kantor teman-temanku?

여러분들이 내 친구들 사무실에 먼저 들르는 것은 어떻습니까?

4. (adik saya)

Bagaimana kalau kalian singgah dulu di kantor adik saya?

여러분들이 내 동생 사무실에 먼저 들르는 것은 어떻습니까?

II. Malah senang, saya bisa berkenalan dengan teman baik Anda.

오히려 즐겁습니다, 내가 당신의 좋은 친구와 알고지낼 수 있으니까요.

1. (gembira)

Malah gembira, saya bisa berkenalan dengan teman baik Anda.

오히려 즐겁습니다, 내가 당신의 좋은 친구와 알고지낼 수 있으니까요.

2. (anak saya)

Malah gembira, anak saya bisa berkenalan dengan teman baik Anda.

오히려 즐겁습니다, 내 아들이 당신의 좋은 친구와 알고지낼 수 있으니까요.

3. (bertemu)

Malah gembira, anak saya bisa bertemu dengan teman baik Anda.

오히려 즐겁습니다, 내 아들이 당신의 좋은 친구와 만날 수 있으니까요.

4. (kawan)

Malah gembira, anak saya bisa bertemu dengan kawan baik Anda.

오히려 즐겁습니다, 내 아들이 당신의 좋은 친구와 만날 수 있으니까요.

III. Saya khusus datang ke sini untuk memberikan Anda oleh-oleh.

나는 당신에게 선물을 주려고 일부러 이곳에 왔습니다.

1. (ayah saya)

Ayah saya khusus datang ke sini untuk memberikan Anda oleh-oleh.

내 아버지는 당신에게 선물을 주려고 일부러 이곳에 왔습니다.

2. (ke sana)

Ayah saya khusus datang ke sana untuk memberikan Anda oleh-oleh.

내 아버지는 당신에게 선물을 주려고 일부러 그곳에 갔습니다.

3. (menghadiahkan)

Ayah saya khusus datang ke sana untuk menghadiahkan Anda oleh-oleh.

내 아버지는 당신에게 선물하려고 일부러 그곳에 갔습니다.

4. (komputer baru)

Ayah saya khusus datang ke sana untuk menghadiahkan Anda komputer baru.

내 아버지는 당신에게 새 컴퓨터를 선물하려고 일부러 그곳에 갔습니다.

IV. Tapi nanti saja oleh-olehnya ada di mobil sekarang.

하지만 선물은 지금 차 안에 있으니 이따 줄게요.

1. (tunggu)

Tapi tunggu saja oleh-olehnya ada di mobil sekarang.

하지만 선물은 지금 차 안에 있으니 이따 줄게요.

2. (kado)

Tapi tunggu saja kadonya ada di mobil sekarang.

하지만 선물은 지금 차 안에 있으니 이따 줄게요.

3. (kantor)

Tapi tunggu saja kadonya ada di kantor sekarang.

하지만 선물은 지금 사무실 안에 있으니 이따 줄게요.

4. (saat ini)

Tapi tunggu saja kadonya ada di kantor saat ini.
하지만 선물은 지금 사무실 안에 있으니 이따 줄게요.

V. Saya seusai tamasya dari Taman Safari.

나는 따만 사파리에 놀러갔다 오는 길입니다.

1. (dia)

Dia seusai tamasya dari Taman Safari.
그는 따만 사파리에 놀러갔다 오는 길입니다.

2. (habis)

Dia habis tamasya dari Taman Safari.
그는 따만 사파리에 놀러갔다 오는 길입니다.

3. (bekerja)

Dia habis bekerja dari Taman Safari.
그는 따만 사파리에서 일하고 오는 길입니다.

4. (kantornya)

Dia habis bekerja dari kantornya.
그는 사무실에서 일하고 오는 길입니다.

확인학습

I. 다음 단어를 배열하여 주어진 의미가 되도록 문장을 완성하시오.

1. 내 친구들 집에 먼저 들르는 건 어떻습니까?
   (bagaimana kalau, mampir dulu, di rumah teman-temanku, kita)

2. 그의 집이 어디입니까?
   (di, rumahnya, mana)

3. 보고르식물원에서 가깝습니다.
   (dari, tidak jauh, Kebun Raya Bogor)

4. 내 친구들 만나는 것 괜찮지요?
   (bertemu dengan, Anda, teman-temanku, tidak apa-apa, kan)

5. 당신의 친한 친구들과 만난다니 오히려 즐겁습니다.
   (malah senang, dengan teman baik Anda, saya, bisa berkenalan,)

6. 나는 당신에게 선물을 주려고 이곳에 들렀습니다.
   (datang ke sini, untuk memberikan, saya, khusus, Anda, oleh-oleh)

7. 선물은 차 안에 있으니 이따 줄게요.

(oleh-olehnya, tapi, nanti saja, ada di mobil)

8. 그런데 당신들은 어디에서 오는 길입니까?

(kalian, memangnya, dari mana)

9. 나는 따만 사파리에 갔다 오는 길입니다.

(tamasya, saya, habis, dari Taman Safari)

10. 그럼 우리 안으로 들어가서 이야기합시다.

(kita, ngobrol, kalau begitu, yuk, di dalam saja)

제16과 밥집에서 식사하다

MAKAN DI WARUNG TEGAL

16

본문

Yoon Ji : Amelia, bagaimana kalau sekarang kita sarapan?
아멜리아, 우리 지금 아침 먹을까요?

Amelia : Ya, biar nanti siang kita tidak lapar!
그래요. 이따 낮에 배고프지 않도록요.

Yoon Ji : Kita akan makan di mana?
어디에서 먹지요?

Amelia : Kalau pagi begini, pilihannya bukan di restoran.

이런 아침에는 레스토랑은 아니어요.

Yoon Ji : Terus kita makan di mana?
그럼 어디서 먹지요?

Amelia : Warteg!
밥집요!

Yoon Ji : Warteg. Apa itu warteg?
밥집. 그게 뭔데요?

Amelia : Warteg itu akronim dari warung tegal. Warung makan sederhana.
와르떽(밥집)은 와룽 뜨갈의 약자입니다. 간단한 식사를 할 수 있는 곳이지요.

Yoon Ji : Warung tegal?
와룽 뜨갈?

Amelia : Ya, tempat makan sederhana. Makanannya murah meriah.
그래요, 간단히 식사하는 곳입니다. 음식이 싸고 좋아요.

Yoon Ji : Oh, begitu.
아, 그래요.

Amelia : Ayo kita ke sana!
자, 그곳으로 갑시다!

Yoon Ji : Yuk!
그래요!

***

Pelayan : Selamat pagi. Silakan. Ini menunya!
안녕하세요! 어서오세요. 여기 메뉴 있습니다.

Amelia : Anda mau pesan apa?
당신은 무엇을 주문해요?

Yoon Ji : Saya mau ayam goreng dan nasi.
나는 닭튀김과 밥을 시키려고 해요.

Amelia : Saya pesan bubur ayam saja, deh.
나는 닭죽으로 할래요.

Pelayan : Minumnya apa?
음료는 무엇으로 하시겠어요?

Yoon Ji : Aku, es teh manis, ya.
나는 냉차로 할게요.

Amelia : Dua, ya.
그걸로 두 개 주세요.

Pelayan : Terima kasih.
감사합니다.

어휘공부

sarapan 아침식사, 조반

biar ~하도록

Biasakan mandi pagi biar sehat walafiat.

건강해지도록 아침 목욕을 생활화하세요.

pilihan 선택

soal pilihan ganda 선다형문제

terus 계속~하다, 그 다음에

terus terang 솔직히

akronim 약어

sederhana 수수한, 보통의

murah 싼, 저렴한

murah meriah 저렴한, 싸서 사람이 몰리는

pesan 주문

bubur 죽

문법설명

1 의문사의 위치

인도네시아어에서 의문사 'apa', 'siapa', 'di mana' 등은 반드시 문장 앞에 위치할 필요가 없다. 상황에 따라 문장의 뒤에 오는 것이 자연스러울 경우가 많다.

Siapa nama adik Anda?
　당신 동생의 이름은 무엇입니까?

Nama adik Anda siapa?
　당신 동생의 이름은 무엇입니까?

Siapa yang paling cantik di dalam kelas ini?
　이 반에서 가장 예쁜 사람은 누구입니까?

Yang paling cantik dalam kelas ini siapa?
　이 반에서 가장 예쁜 사람은 누구입니까?

Anda kuliah di mana?
　어느 대학에 다닙니까?

Di mana Anda kuliah?
　어느 대학에 다닙니까?

Kapan Jakarta menjadi ibu kota Republik Indonesia?
　자카르타가 언제 인도네시아공회국의 수도가 되었습니까?

Perusahaan-perusahaan apa yang terdapat di daerah Tengerang?
　땅어랑 지역에 무슨 회사들이 있습니까?

Mengapa persediaan padi di lumbung tidak berkurang sama sekali?
　왜 곳간의 벼가 전혀 줄어들지 않습니까?

Mengapa engkau ada di sini?
　너는 왜 여기에 있느냐?

Bagaimana caranya membeli buku dari luar negeri?
　외국에서 어떻게 책을 구입합니까?

문형연습

1. Bagaimana kalau sekarang kita sarapan?
   지금 우리 아침 먹을까요?

   Ya, boleh.
   예, 그럽시다.

2. Saya mau makan sekarang.
   나는 지금 식사하고 싶습니다.

   Ya, biar nanti siang kita tidak lapar.
   예, 이따 낮에 배고프지 않도록요.

3. Kita akan makan di mana?
   우리 어디에서 식사할까요?

   Kita makan di kantin saja.
   구내식당에서 합시다.

4. Kalau pagi begini, pilihannya bukan di restoran.
   이런 아침에는 레스토랑을 선택하는 것은 아닙니다.

   O, begitu!
   아, 그래요.

5. Terus kita makan di mana?
   그럼 어디서 식사하지요?

   Kita makan di warteg saja.
   밥집에서 합시다.

6. Apa itu warteg?
와르떡이 무엇입니까?

Warteg itu akronim dari warung tegal, artinya warung makan sederhana.
와르떡(밥집)은 와룽 뜨갈의 약자이며. 간단한 식사를 할 수 있는 곳을 의미합니다.

7. Bagaimana makanan di warteg?
와르떡의 음식은 어떻습니까?

Makanannya murah meriah.
음식이 싸고 좋습니다.

8. Anda mau pesan apa?
당신은 무엇을 주문하겠습니까?

Saya mau pesan nasi goreng.
볶음밥을 주문하겠습니다.

9. Saya mau pesan ayam goreng dan nasi.
나는 닭튀김과 밥을 주문하려고 합니다.

Ya, siap.
예, 알겠습니다.

10. Minumnya apa?
음료는 무엇으로 하시겠어요?

Saya mau minum es teh manis.
나는 냉차로 할게요.

반복학습

I. Bagaimana kalau sekarang kita sarapan di kantin?

지금 우리 구내식당에서 아침 먹을까요?

1. (sepuluh menit lagi)

   Bagaimana kalau sepuluh menit lagi kita sarapan di kantin?

   십분 후에 우리 구내식당에서 아침 먹을까요?

2. (kalian)

   Bagaimana kalau sepuluh menit lagi kalian sarapan di kantin?

   십분 후에 여러분 구내식당에서 아침 먹을까요?

3. (makan siang)

   Bagaimana kalau sepuluh menit lagi kalian makan siang di kantin?

   십분 후에 여러분 구내식당에서 점심 먹을까요?

4. (di warteg)

   Bagaimana kalau sepuluh menit lagi kalian makan siang di warteg?

   십분 후에 여러분 밥집에서 점심 먹을까요?

II. Biar nanti siang kita tidak lapar.

이따 낮에 우리 배고프지 않도록요.

1. (supaya)

   Supaya nanti siang kita tidak lapar.

   이따 낮에 우리 배고프지 않도록요.

2. (nanti malam)

Supaya nanti malam kita tidak lapar.

이따 저녁에 우리 배고프지 않도록요.

3. (kalian)

Supaya nanti malam kalian tidak lapar.

이따 저녁에 여러분들 배고프지 않도록요.

4. (tidak haus)

Supaya nanti malam kalian tidak haus.

이따 저녁에 여러분들 목마르지 않도록요.

III. Jika pagi begini, pilihannya bukan di restoran.

이런 아침에는 레스토랑을 선택하는 것이 아닙니다.

1. (kalau)

Kalau pagi begini, pilihannya bukan di restoran.

이런 아침에는 레스토랑을 선택하는 것이 아닙니다.

2. (siang)

Kalau siang begini, pilihannya bukan di restoran.

이런 낮에는 레스토랑을 선택하는 것이 아닙니다.

3. (seperti ini)

Kalau siang seperti ini, pilihannya bukan di restoran.

이런 낮에는 레스토랑을 선택하는 것이 아닙니다.

4. (kantin)

Kalau siang seperti ini, pilihannya bukan di kantin.

이런 낮에는 구내식당을 선택하는 것이 아닙니다.

IV. Anda mau pesan apa di kantin?

당신은 구내식당에서 무엇을 주문하겠습니까?

1. (kalian)

   Kalian mau pesan apa di kantin?

   여러분들은 구내식당에서 무엇을 주문하겠습니까?

2. (akan)

   Kalian akan pesan apa di kantin?

   여러분들은 구내식당에서 무엇을 주문하겠습니까?

3. (makan)

   Kalian akan makan apa di kantin?

   여러분들은 구내식당에서 무엇을 먹겠습니까?

4. (restoran)

   Kalian akan makan apa di restoran?

   여러분들은 레스토랑에서 무엇을 먹겠습니까?

V. Saya mau pesan ayam goreng dan nasi.

나는 닭튀김과 밥을 주문하려고 합니다.

1. (kami)

   Kami mau pesan ayam goreng dan nasi.

   우리는 닭튀김과 밥을 주문하려고 합니다.

2. (akan)

   Kami akan pesan ayam goreng dan nasi.

   우리는 닭튀김과 밥을 주문하려고 합니다.

3. (makan)

Kami akan makan ayam goreng dan nasi.

우리는 닭튀김과 밥을 먹겠습니다.

4. (sate dan gado-gado)

Kami akan makan sate dan gado-gado.

우리는 사떼와 가도가도를 먹겠습니다.

확인학습

I. 다음 단어를 배열하여 주어진 의미가 되도록 문장을 완성하시오.

1. 우리 지금 아침 식사할까요?
   (sekarang, kita, bagaimana kalau, sarapan)

2. 이따 낮에 배고프지 않도록요.
   (biar, tidak lapar, nanti siang, kita)

3. 우리 어디에서 식사할까요?
   (akan, makan, kita, di mana)

4. 이런 아침에는 레스토랑을 선택하는 것이 아닙니다.
   (kalau, bukan, di restoran, pagi begini, pilihannya)

5. 그럼 어디서 식사하지요?
   (terus, di mana, kita, maka)

6. 와르떡(밥집)은 와룽 뜨갈의 약자이며. 간단한 식사를 할 수 있는 곳을 의미합니다.
   (sederhana, warteg itu, warung tegal, artinya, akronim dari, warung makan)

7. 음식이 싸고 좋습니다.

(murah, meriah, makanannya)

8. 당신은 무엇을 주문하겠습니까?

(Anda, pesan, mau, apa)

9. 나는 닭튀김과 밥을 주문하려고 합니다.

(saya, ayam goreng, dan, mau pesan, nasi)

10. 음료는 무엇으로 하시겠어요?

(minumnya, apa)

제17과 국립박물관을 방문하다

BERKUNJUNG KE MUSEUM NASIONAL

17

본문

Amelia : Dong Hoon, Yoon Ji, ini namanya Museum Nasional atau lebih dikenal dengan Museum Gajah.

동훈, 윤지, 이곳이 국립박물관인데요 코끼리박물관으로 더 알려져 있어요.

Yoon Ji : Oh, begitu. Kenapa disebut dengan Museum Gajah?

아, 그래요. 그런데 왜 코끼리박물관이라고 하나요?

Seung Hwan: Dulu raja Thailand memberikan hadiah kenang-kenangan kepada pemerintah Indonesia berupa patung gajah itu.
전에 태국의 왕이 코끼리 상을 인도네시아 정부에 기념으로 선물했기 때문입니다.

Dong Hoon : Patung gajah itu terbuat dari apa?
그 코끼리 상은 무엇으로 만들었나요?

Amelia : Patung gajah itu terbuat dari perunggu.
그 코끼리 상은 청동으로 만들었어요.

Yoon Ji : Oh, di dalam Museum Gajah ada apa saja?
아, 코끼리박물관 안에는 무엇이 있어요?

Seung Hwan: Di dalam Museum Gajah terdapat berbagai koleksi zaman sejarah dan prasejarah, seperti patung, keramik, dan masih banyak lagi.
코끼리박물관 안에는 동상, 도자기 등의 많은 선사시대와 역사시대의 유물들이 보관돼 있어요.

Dong Hoon : Wah, menarik juga. Harga tiket masuknya berapa?
와, 흥미롭네요. 입장료는 얼마지요?

Amelia : Tidak mahal. Hanya Rp5.000 saja. Bagaimana kalau kita masuk sekarang?
비싸지 않아요. 5천 루삐아입니다. 우리 지금 들어갈까요?

Semua : Ayo!
오케이!

어휘공부

museum 박물관

  Museum Nasional 국립박물관

  museum sejarah 역사박물관

gajah 코끼리

hadiah 상, 선물

  hadiah Nobel 노벨상

berupa ~한 형태의

  berupa-rupa 다양한

patung 동상

  patung dada 흉상

perunggu 청동

terdapat 발견되다, ~이 있다

  Dalam pasal ini terdapat kesalahan.

  이 조항에는 오류가 있다.

zaman 시대

  zaman prasejarah 선사시대

menarik 흥미로운

  menarik perhatian 마음을 끄는, 매력적인

문법설명

1 접두사 'ter-'의 활용

접두사 ter-가 붙는 동사는 다음과 같은 의미를 가진다.

1. 고의가 아닌 행동, 우연한 행동을 나타낸다.

Saya terbangun pukul 6 pagi.
나는 아침 6시에 잠이 깼다.

Maman tertidur di kantor karena kecapaian.
마만은 너무 피곤해서 사무실에서 잠이 들었다.

Tiba-tiba terjadi tawuran antara kedua sekolah yang berselisih itu.
갈등이 있는 그 두 학교 사이에 갑자기 패싸움이 발생했다.

2. 이미 조성돼 있는 상태를 나타낸다.

Buku siapa yang tertinggal di atas meja?
책상 위에 놓여있는 책은 누구의 것입니까?

Para tapol terlarang keluar dari Pualu Buru.
정치범들은 부루 섬 밖으로 나가는 것이 금지돼 있었다.

Surat itu tertulis dalam tulisan Jawi.
그 편지는 자위 문자로 씌어져 있다.

Kantor-kantor terbuka jam 9.00 di Indonesia.
인도네시아에서는 9시에 사무실이 열려있다.

3. 가능성을 표시한다.

Yang dikatakan satpam tidak terdengar oleh nenek.
경비가 하는 말을 할머니가 들을 수 없었다.

Anak-anak itu tidak terurus oleh ibunya.
그 아이들은 그의 어머니가 관리할 수 없었다.

4. 최상급을 표시한다.

Perpustakaan Universitas Indonesia termasuk perpustakaan terbesar di Asia Tenggara.
인도네시아대학교 도서관은 동남아에서 가장 크다.

Pulau yang terbesar di Indonesia ialah Kalimantan.
인도네시아에서 가장 큰 섬은 깔리만딴이다.

문형연습

1. Gedung ini apa?
이 건물은 무엇입니까?

Ini namanya Museum Nasional.
이곳이 국립박물관입니다.

2. Ada nama lain untuk Museum Nasional?
국립박물관을 달리 부르기도 합니까?

Ada, ini lebih dikenal dengan Museum Gajah.
예, 코끼리박물관으로 더 잘 알려져 있습니다.

3. Kenapa disebut dengan Museum Gajah?
왜 코끼리박물관이라고 합니까?

Karena dulu raja Thailand memberikan hadiah kenang-kenangan kepada pemerintah Indonesia berupa patung gajah itu.
전에 태국의 왕이 코끼리 상을 인도네시아 정부에 선물했기 때문입니다.

4. Patung gajah itu terbuat dari apa?
그 코끼리 상은 무엇으로 만들었습니까?

Patung gajah itu terbuat dari perunggu.
그 코끼리 상은 청동으로 만들었습니다.

5. Di dalam Museum Gajah ada apa saja?
코끼리박물관 안에는 무엇이 있습니까?

Ada bermacam-macam koleksi di dalamnya.
그 안에는 다양한 유물들이 있습니다.

6. Bisa jelaskan lebih terperinci lagi?
좀 더 소상하게 설명해줄 수 있습니까?

Di dalam Museum Gajah terdapat berbagai koleksi zaman sejarah dan prasejarah.
코끼리박물관 안에는 선사시대와 역사시대의 다양한 유물들이 보관돼 있습니다.

7. Misalnya apa saja?
예를 들면 무엇입니까?

Seperti patung, keramik, dan masih banyak lagi.
동상, 도자기 등 많습니다.

8. Wah, menarik juga.
와, 흥미롭습니다.

Ya, saya juga berpendapat demikian.
저도 그렇게 생각합니다.

9. Harga tiket masuknya berapa?
입장료는 얼마입니까?

Tidak mahal. Hanya Rp5.000,00 saja.
비싸지 않아요. 5천 루삐아입니다.

10. Bagaimana kalau kita masuk sekarang?
우리 지금 들어갈까요?

Baik.
좋습니다.

반복학습

I. Kenapa gedung itu disebut dengan Museum Gajah?

그 건물은 왜 코끼리박물관이라고 합니까?

1. (mengapa)

Mengapa gedung itu disebut dengan Museum Gajah?

그 건물은 왜 코끼리박물관이라고 합니까?

2. (bangunan)

Mengapa bangunan itu disebut dengan Museum Gajah?

그 건물은 왜 코끼리박물관이라고 합니까?

3. (dipanggil)

Mengapa bangunan itu dipanggil dengan Museum Gajah?

그 건물은 왜 코끼리박물관이라고 합니까?

4. (Teater Keong Mas)

Mengapa bangunan itu dipanggil dengan Teater Keong Mas?

그 건물은 왜 금달팽이 극장이라고 합니까?

II. Dulu raja Thailand memberikan hadiah kenang-kenangan kepada pemerintah Indonesia berupa patung gajah itu.

전에 태국의 왕이 코끼리 상을 인도네시아 정부에 기념으로 선물했습니다.

1. (Pada zaman dahulu)

Pada zaman dahulu raja Thailand memberikan hadiah kenang-kenangan kepada pemerintah Indonesia berupa patung gajah itu.

지난 시대에 태국의 왕이 코끼리 상을 인도네시아 정부에 기념으로 선물했습니다.

2. (Sultan Malaka)

Pada zaman dahulu Sultan Malaka memberikan hadiah kenang-kenangan kepada pemerintah Indonesia berupa patung gajah itu.

지난 시대에 말라카 술탄이 코끼리 상을 인도네시아 정부에 기념으로 선물했습니다.

3. (hadiah ulang tahun)

Pada zaman dahulu Sultan Malaka memberikan hadiah ulang tahun kepada pemerintah Indonesia berupa patung gajah itu.

지난 시대에 말라카 술탄이 코끼리 상을 인도네시아 정부에 건국기념일을 맞아 선물했습니다.

4. (patung harimau)

Pada zaman dahulu Sultan Malaka memberikan hadiah ulang tahun kepada pemerintah Indonesia berupa patung harimau itu.

지난 시대에 말라카 술탄이 호랑이 상을 인도네시아 정부에 건국기념일을 맞아 선물했습니다.

III. Patung gajah yang ada di sekitar Monas itu terbuat dari perunggu pada tahun 1950-an.

모나스 근처에 있는 그 코끼리 상은 1950년대에 청동으로 만들었어요.

1. (harimau)

   Patung harimau yang ada di sekitar Monas itu terbuat dari perunggu pada tahun 1950-an.

   모나스 근처에 있는 그 호랑이 상은 1950년대에 청동으로 만들었어요.

2. (Taman Mini)

   Patung harimau yang ada di sekitar Taman Mini itu terbuat dari perunggu pada tahun 1950-an.

   따만미니 근처에 있는 그 호랑이 상은 1950년대에 청동으로 만들었어요.

3. (perak)

   Patung harimau yang ada di sekitar Monas itu terbuat dari perak pada tahun 1950-an.

   따만미니 근처에 있는 그 호랑이 상은 1950년대에 은으로 만들었어요.

4. (sepuluh tahun lalu)

   Patung harimau yang ada di sekitar Monas itu terbuat dari perak sepuluh tahun lalu.

   따만미니 근처에 있는 그 호랑이 상은 십년 전에 은으로 만들었어요.

IV. Di dalam Museum Gajah yang terletak di dekat Monas itu ada apa saja?

모나스 근처에 위치한 코끼리박물관 안에는 무엇이 있습니까?

1. (luar)

Di luar Museum Gajah yang terletak di dekat Monas itu ada apa saja?

모나스 근처에 위치한 코끼리박물관 밖에는 무엇이 있습니까?

2. (Museum Nasional)

Di luar Museum Nasional yang terletak di dekat Monas itu ada apa saja?

모나스 근처에 위치한 국립박물관 밖에는 무엇이 있습니까?

3. (berada)

Di luar Museum Nasional yang berada di dekat Monas itu ada apa saja?

모나스 근처에 위치한 국립박물관 밖에는 무엇이 있습니까?

4. (sekitar)

Di luar Museum Nasional yang berada di sekitar Monas itu ada apa saja?

모나스 근처에 위치한 국립박물관 밖에는 무엇이 있습니까?

V. Di dalam gedung Museum Gajah terdapat berbagai koleksi zaman sejarah dan prasejarah.

코끼리박물관 건물 안에는 선사시대와 역사시대의 다양한 유물들이 보관돼 있습니다.

1. (bangunan)

Di dalam bangunan Museum Gajah terdapat berbagai koleksi zaman sejarah dan prasejarah.

코끼리박물관 건물 안에는 선사시대와 역사시대의 다양한 유물들이 보관돼 있습니다.

2. (Museum Nasional)

Di dalam bangunan Museum Nasional terdapat berbagai koleksi zaman sejarah dan prasejarah.

국립박물관 건물 안에는 선사시대와 역사시대의 다양한 유물들이 보관돼 있습니다.

3. (bermacam-macam)

Di dalam bangunan Museum Nasional terdapat bermacam-macam koleksi zaman sejarah dan prasejarah.

국립박물관 건물 안에는 선사시대와 역사시대의 다양한 유물들이 보관돼 있습니다.

4. (khazanah warisan budaya)

Di dalam bangunan Museum Nasional terdapat bermacam-macam khazanah warisan budaya zaman sejarah dan prasejarah.

국립박물관 건물 안에는 선사시대와 역사시대의 다양한 문화유산들이 보관돼 있습니다.

확인학습

I. 다음 단어를 배열하여 주어진 의미가 되도록 문장을 완성하시오.

1. 이곳이 국립박물관인데 코끼리박물관으로 더 알려져 있습니다.
   (ini, namanya, atau, lebih dikenal dengan, Museum Nasional, Museum Gajah)

2. 왜 코끼리박물관이라고 합니까?
   (disebut, dengan, kenapa, Museum Gajah)

3. 전에 태국의 왕이 코끼리 상을 인도네시아 정부에 선물했습니다.
   (dulu, hadiah kenang-kenangan, kepada pemerintah Indonesia, berupa patung gajah itu, raja Thailand, memberikan,)

4. 그 코끼리 상은 무엇으로 만들었습니까?
   (patung gajah itu, dari, apa, terbuat)

5. 그 코끼리 상은 청동으로 만들었습니다.
   (terbuat, patung gajah itu, dari, perunggu)

6. 코끼리박물관 안에는 무엇이 있습니까?
   (Museum Gajah, ada, di dalam, apa saja)

7. 코끼리박물관 안에는 선사시대와 역사시대의 다양한 유물들이 보관돼 있습니다.

(Museum Gajah, terdapat, di dalam, dan prasejarahberbagai koleksi, zaman sejarah)

8. 와, 흥미롭습니다.

(menarik, wah, juga)

9. 입장료는 얼마입니까?

(harga, masuknya, tiket, berapa)

10. 우리 지금 들어갈까요?

(bagaimana kalau, sekarang, kita, masuk)

제18과 인도네시아대학교 도서관

PERPUSTAKAAN UNIVERSITAS INDONESIA

18

본문

Intan : Permisi.
실례합니다.

Pejalan Kaki . Iya.
예.

Intan : Selamat pagi.
좋은 아침입니다.

Pejalan Kaki : Selamat pagi!
예, 좋은 아침입니다.

Intan : Bolehkah saya bertanya?
뭐 좀 물어보겠습니다.

Pejalan Kaki : Boleh.
예.

Intan : Apakah benar ini kampus UI?
여기가 인도네시아대학교입니까?

Pejalan Kaki : Iya, betul. Anda mau ke mana?
예, 맞습니다. 어디를 찾으시나요?

Intan : Saya mau ke Perpustakaan Pusat Universitas Indonesia.
인도네시아대학교 중앙도서관에 가려고합니다.

Pejalan Kaki : Oh, begitu. Apakah Anda sudah tahu tempatnya?
아, 그래요. 거기가 어디인지 아십니까?

Intan : Belum. Di mana?
아니요. 어디이지요?

Pejalan Kaki : Jadi, dari jalan ini, Anda lurus. Nanti, setelah melewati Fakultas Hukum dan Masjid UI, Anda belok ke kanan. Setelah itu, belok ke kiri.
그렇다면, 여기에서 직진하세요. 그 다음에 법과대학과 이슬람사원을 지나서 우회전 하세요. 그 다음에 왼쪽으로 돌면 돼요.

Intan : Jadi, Perpustakaan itu di belakang Masjid UI?
그럼, 대학 사원 뒤에 도서관이 있는 셈이네요.

Pejalan Kaki : Iya, betul.
예, 맞아요.

Intan : Terima kasih.
감사합니다.

Pejalan Kaki : Iya, sama-sama.
예, 천만에요.

****

Intan : Halo, Ari. Apa kabar? Sudah lama menunggu.
할로, 아리. 안녕? 오래 기다렸지요?

Ari : Tidak juga. Kegiatan saya hari ini, khusus menemani Anda.
그렇지도 않아요. 오늘 내 일은 당신과 함께 있어주는 거예요.

Intan : Wah, terima kasih.
와, 고마워요.

Ari : Ayo kita masuk.
자, 들어가요.

Petugas : Maaf, punya Kartu Perpustakaan UI?
실례지만, 도서관 출입증 있습니까?

Ari : Ya, ini. Tetapi teman saya ini bukan anggota perpustakaan UI. Dia tinggal di Medan. Saya menemaninya mencari bahan penelitian.
예, 여기 있어요. 하지만 내 친구는 출입증이 없습니다. 메단에서 왔어요. 내 친구 연구 자료 찾는 것을 도와주려고요.

Petugas : Oh begitu. Tidak apa-apa. Untuk temannya bisa menggunakan ini, kartu anggota untuk tamu yang bukan anggota perpustakaan UI.
아, 그래요. 괜찮아요. 친구분은 이것을 이용하면 됩니다. 인도네시아대학교 도서관 회원이 아닌 방문자를 위한 것입니다.

Ari : Terima kasih.
감사합니다.

Intan : Ari, besar sekali perpustakaan Universitas Indonesia.
아리, 인도네시아대학교 도서관 정말 크네요.

Ari : Iya. Kabarnya, Perpustakaan UI termasuk perpustakaan terbesar di Asia Tenggara.
그래요. 사람들 말이 우리학교 도서관이 동남아에서 가장 크다나 봐요.

Intan : Wah, hebat sekali.
오, 대단하네요.

Ari : Anda mau mencari bahan apa? Kesusastraan atau kebudayaan?
당신 무슨 자료를 찾으려고 해요? 문학 혹은 문화?

Intan : Saya mau mencari bahan kesusastraan daerah.
나는 지방문학에 관한 자료를 찾고 싶어요.

Ari : Kalau begitu, kita tanya dulu ke petugas perpustakaan, di mana tempat buku-buku tersebut berada.

그렇다면 그러한 자료가 있는 곳이 어디인지 도서관 직원에게 우선 물어봅시다.

Intan : Baik.

좋아요.

어휘공부

permisi 실례합니다

Permisi dulu! 먼저 실례하겠습니다!

benar 옳은, 맞는, 정말

kebenaran 진리

Ia cantik benar.

그녀는 정말 아름답습니다.

perpustakaan 도서관

perpustakaan keliling 이동도서관

lurus 곧바로

garis lurus 직선

Kita lurus saja! 직진하세요!

melewati 통과하다, 지나가다

Jangan bekerja melewati batas kemampuan Anda.

당신 능력 이상의 일을 하지 마세요.

masjid 이슬람사원

membelok 돌다, (좌·우)회전하다

membelok ke kiri 좌회전하다

kegiatan 활동

menemani 함께 가주다, 친구해주다

termasuk ~을 포함하여

kesusastraan 문학

kebudayaan 문화

문법설명

1 대화체 문장에서 동사 생략

대화체 문장에서 특정한 어휘가 생략되어도 문장 내에서 이어지는 전치사로 말미암아 그 의미를 짐작할 수 있다.

Anda dari mana?
당신은 어디에서 왔습니까?

Saya dari Korea Selatan.
나는 한국에서 왔습니다.

Sudah berapa lama dia di Bali?
그는 발리에 얼마동안 있었습니까?

Sudah sepuluh tahun dia di Bali.
벌써 10년 됐습니다.

Tadi pagi ia ke mana?
오늘 아침에 그녀는 어디에 갔습니까?

Ia ke pasar tadi pagi.
그녀는 오늘 아침에 시장에 갔습니다.

Bisa dengan Pak Budi?
부디 씨 좀 바꿔주세요.

Pak Budi sedang pergi.
부디 씨는 외출중입니다.

문형연습

1. Bolehkah saya bertanya?
   뭐 좀 물어보겠습니다.

   Boleh. Silakan.
   예, 질문하세요.

2. Apakah benar ini kampus UI?
   여기가 인도네시아대학교입니까?

   Iya, betul.
   예, 맞습니다.

3. Anda mau ke mana?
   어디를 가십니까?

   Saya mau ke kantor pos.
   우체국에 갑니다.

4. Apakah Anda sudah tahu tempatnya?
   당신은 거기가 어딘지 아십니까?

   Saya belum tahu.
   잘 모릅니다.

5. Setelah melewati Fakultas Hukum, Anda belok ke kanan.
   법과대학을 지나서 우회전 하세요.

   Ya, terima kasih.
   예, 감사합니다.

6. Apa kegiatan Anda hari ini?
오늘 당신의 일정은 무엇입니까?

Kegiatan saya hari ini, khusus menemani Anda.
오늘 내 일정은 당신과 함께 있어주는 것입니다.

7. Besar sekali perpustakaan Universitas Indonesia.
인도네시아대학교 도서관 정말 큽니다.

Ya, betul.
예, 맞습니다.

8. Kabarnya, Perpustakaan UI termasuk perpustakaan terbesar di Asia Tenggara.
사람들 말이 인도네시아대학교 도서관이 동남아에서 가장 크다고 합니다.

Beanr?
정말입니까?

9. Saya mau mencari bahan kesusastraan daerah.
나는 지방문학에 관한 자료를 찾고 싶습니다.

Kalau begitu, kita tanya dulu ke petugas perpustakaan.
그렇다면 도서관 직원에게 우선 물어봅시다.

10. Boleh saya tahu di mana tempat buku-buku sastra berada?
문학 관련 자료가 있는 곳이 어디인지 알 수 있을까요?

Anda lurus saja ke kamar itu.
직진해서 저 방으로 가세요.

I. Apakah Anda sudah tahu tempatnya?

당신은 거기가 어딘지 아십니까?

1. (dia)

   Apakah dia sudah tahu tempatnya?

   그는 거기가 어딘지 아십니까?

2. (telah)

   Apakah dia sudah tahu tempatnya?

   그는 거기가 어딘지 아십니까?

3. (mengunjungi)

   Apakah dia sudah mengunjungi tempatnya?

   그는 거기를 이미 방문했습니까?

4. (rumah pamannya)

   Apakah dia sudah mengunjungi rumah pamannya?

   그는 삼촌 집을 이미 방문했습니까?

II. Setelah melewati Fakultas Hukum, lebih baik Anda belok ke kanan.

법과대학을 지나서 당신은 우회전을 하는 것이 좋습니다.

1. (sesudah)

   Sesudah melewati Fakultas Hukum, lebih baik Anda belok ke kanan.

   법과대학을 지나서 당신은 우회전을 하는 것이 좋습니다.

2. (masjid)

Sesudah melewati masjid, lebih baik Anda belok ke kanan.

사원을 지나서 당신은 우회전을 하는 것이 좋습니다.

3. (sebaiknya)

Sesudah melewati masjid, sebaiknya Anda belok ke kanan.

사원을 지나서 당신은 우회전을 하는 것이 좋습니다.

4. (kiri)

Sesudah melewati masjid, sebaiknya Anda belok ke kiri.

사원을 지나서 당신은 좌회전을 하는 것이 좋습니다.

III. Kegiatan saya hari ini, khusus menemani Anda.

오늘 내 일은 당신과 함께 있어주는 것입니다.

1. (aktivitas)

Aktivitas saya hari ini, khusus menemani Anda.

오늘 내 일은 당신과 함께 있어주는 것입니다.

2. (adik saya)

Aktivitas adik saya hari ini, khusus menemani Anda.

오늘 내 동생의 일은 당신과 함께 있어주는 것입니다.

3. (besok)

Aktivitas adik saya besok, khusus menemani Anda.

내일 내 동생의 일은 당신과 함께 있어주는 것입니다.

4. (menjemput)

Aktivitas adik saya besok, khusus menjemput Anda.

내일 내 동생의 일은 당신을 데리러 가는 일입니다.

IV. Kabarnya, Perpustakaan UI termasuk perpustakaan terbesar di Asia Tenggara.

사람들 말이 인도네시아대학교 도서관이 동남아에서 가장 크다고 합니다.

1. (katanya)

Katanya, Perpustakaan UI termasuk perpustakaan terbesar di Asia Tenggara.

사람들 말이 인도네시아대학교 도서관이 동남아에서 가장 크다고 합니다.

2. (Perpustakaan Unair)

Katanya, Perpustakaan Unair termasuk perpustakaan terbesar di Asia Tenggara.

사람들 말이 아이를랑가대학교 도서관이 동남아에서 가장 크다고 합니다.

3. (terbagus)

Katanya, Perpustakaan Unair termasuk perpustakaan terbagus di Asia Tenggara

사람들 말이 아이를랑가대학교 도서관이 동남아에서 가장 멋지다고 합니다.

4. (di Indonesia)

Katanya, Perpustakaan Unair termasuk perpustakaan terbagus di Indonesia.

사람들 말이 아이를랑가대학교 도서관이 인도네시아에서 가장 멋지다고 합니다.

V. Saya mau mencari bahan kesusastraan daerah di perpustakaan.

나는 도서관에서 지방문학에 관한 자료를 찾고 싶습니다.

1. (ia)

Ia mau mencari bahan kesusastraan daerah di perpustakaan.

그는 도서관에서 지방문학에 관한 자료를 찾으려고 합니다.

2. (akan)

Ia akan mencari bahan kesusastraan daerah di perpustakaan.

그는 도서관에서 지방문학에 관한 자료를 찾을 것입니다.

3. (bahan folklor)

Ia akan mencari bahan folklor di perpustakaan.

그는 도서관에서 민속에 관한 자료를 찾을 것입니다.

4. (rak buku)

Ia akan mencari bahan folklor di rak buku.

그는 서가에서 민속에 관한 자료를 찾을 것입니다.

확인학습

I. 다음 단어를 배열하여 주어진 의미가 되도록 문장을 완성하시오.

1. 뭐 좀 물어보겠습니다.
   (bolehkah, bertanya, saya)

2. 여기가 인도네시아대학교 캠퍼스입니까?
   (apakah, ini, kampus UI, benar)

3. 어디 가십니까?
   (Anda, ke mana mau)

4. 당신은 거기가 어딘지 아십니까?
   (Anda, sudah tahu, apakah, tempatnya)

5. 법과대학을 지나서 우회전 하세요.
   (setelah, Anda, belok ke kanan, melewati, Fakultas Hukum)

6. 오늘 내 일은 당신과 함께 있어주는 것입니다.
   (khusus, menemani, Anda, kegiatan saya, hari ini)

7. 인도네시아대학교 도서관 정말 큽니다.
(perpustakaan Universitas Indonesia, besar, sekali)

8. 사람들 말이 인도네시아대학교 도서관이 동남아에서 가장 크다고 합니다.
(perpustakaan, terbesar, kabarnya, di Asia Tenggara, Perpustakaan UI, termasuk)

9. 나는 지방문학에 관한 자료를 찾고 싶습니다.
(saya, kesusastraan daerah, mau mencari, bahan)

10. 그렇다면 그러한 자료가 있는 곳이 어디인지 도서관 직원에게 우선 물어봅시다.
(kalau begitu, ke petugas perpustakaan, di mana, kita, tanya dulu, tempat buku-buku tersebut, berada)

제19과 공항에 친구 마중 나가기 19

MENJEMPUT TEMAN DI BANDARA

본문

Amelia : Yoon Ji, Anda mau ke mana? Kelihatannya terburu-buru.
윤지, 어디 가는 겁니까? 바쁜가보네요.

Yoon Ji : Iya. Saya mau menjemput teman saya malam ini.
그래요. 오늘 저녁에 친구 마중 나가야 해요.

Amelia : Menjemput teman? Di mana?
친구 마중 간다고요? 어디로요?

Yoon Ji : Teman saya baru datang dari Seoul. Ini pertama

kalinya dia datang ke Jakarta. Jadi, saya harus menjemput dia di Bandara Soekarno-Hatta.
서울에서 내 친구가 오거든요. 처음 자카르타에 오는 거예요. 그래서, 내가 수까르노-핫따 공항으로 마중을 나가야 돼요.

Amelia : Jam berapa pesawatnya mendarat?
비행기가 몇 시에 착륙하나요?

Yoon Ji : Dia naik Korean Airlines. Dari bandara Incheon pukul 3.00 sore. Jadi, dia sampai di Jakarta pukul 8.00 malam.
그는 대한항공을 타고 옵니다. 인천공항에서 오후 세시에 출발해요. 그래서 자카르타에 밤 여덟시에 도착합니다.

Amelia : Apakah pesawatnya transit dulu?
경유지가 있나요?

Yoon Ji : Tidak. Pesawatnya langsung dari Seoul ke Jakarta.
아닙니다. 서울-자카르타 직항입니다.

Amelia : Oh, begitu. Bolehkah saya ikut?
아, 그래요. 내가 따라가도 돼요?

Yoon Ji : Tentu saja boleh. Kebetulan. saya jadi ada teman di jalan.
물론이지요. 어쩌다보니 친구가 생겼네요.

Amelia : Oke, bagaimana kalau kita berangkat sekarang?
오케이. 그럼 지금 출발할까요?

Yoon Ji : Ayo, tapi nanti dulu. Kita naik apa? Kita mau naik taksi atau naik bus Damri?
그래요. 그런데 잠깐만요. 우리 무엇을 타고 가지요? 택시를 탈까요 아니면 공항버스를 탈까요?

Amelia : Lebih baik kita pergi naik bus Damri. Nanti pulangnya, baru kita naik taksi. Bagaimana?
공항버스를 타는 게 더 좋겠어요. 이따 돌아올 때 택시를 타요. 어때요?

Yoon Ji : Oh, boleh. Tapi kita naik busnya dari mana?
아, 좋아요. 그런데 버스를 어디에서 타지요?

Amelia : Kita sekarang pergi ke Pasar Minggu. Dari Pasar Minggu, kita naik bus Damri ke bandara.
지금 빠사르 밍구로 가요. 그곳에서 버스를 타고 공항으로 가면 돼요.

Yoon Ji : Oh, baiklah. Ayo kita berangkat!
좋아요. 지금 출발해요!

****

Amelia : Kita menunggu di terminal kedatangan saja.
우리 입국장에서 기다려요.

Ari : Tentu saja. Terminal keberangkatan kan pesawat yang akan meninggalkan Jakarta.
물론이지요. 출국장은 자카르타를 출발하는 항공기를 타는 곳이잖아요.

Amelia : Oh, iya, Anda benar.
그래요, 맞아요.

Ari : Kita sudah berada di terminal kedatangan internasional.
우리 이미 국제선 입국장에 와 있어요.

Amelia : Oh, kira-kira pesawat Korean Airlines berangkat dari Seoul jam berapa?
아, 대한항공이 서울에서 몇 시쯤에 출발하지요?

Ari : Dari bandara Incheon berangkat jam 3.00 sore. Jadi, sampai Jakarta sekitar jam 8 malam.
인천공항에서 오후 세 시에 출발해요.
그래서 자카르타에 밤 여덟 시에 도착해요.

Amelia : Oh, begitu. Yuk, kita lihat jadwal kedatangan pesawat.
아, 그래. 자, 항공기 착륙 스케줄을 좀 볼까요?

Ari : Nah, itu dia pesawat Korean Airlines sudah mendarat.
자, 저기 대한항공 이미 착륙했네요.

Amelia : O, iya, benar. Tepat waktunya.
아, 맞네요. 정시에 도착했어요.

Ari : Kalau tidak ada cuaca buruk, biasanya tidak terlambat.
기상 상황만 괜찮으면 대체적으로 연착되지는 않아요.

Amelia : Oh, begitu. Sebentar lagi teman Anda akan sampai di Jakarta.
아, 그래요. 잠시 후 당신 친구가 자카르타에 도착하겠네요.

Ari : Kita menunggu di sini?
우리 어디에서 기다리나요?

Amelia : Ya. Anda menunggu di sini, saya menunggu di sebelah sana. Jadi, kalau teman Anda keluar dari pintu sana, dia akan melihat saya. Tadi, siapa nama teman Anda? Biar saya tulis di kertas ini.
응. 당신은 여기에서 기다려요, 나는 저쪽에 가 있을게요. 그래서, 당신 친구가 문에서 나오면 나를 보게 될 거예요. 아까 당신 친구 이름이 뭐라고 했지요? 내가 이 종이에 쓰려고요.

Ari : Kim Dong Hoon. Dia kakak kelas saya
김동훈입니다. 내 선배입니다.

Amelia : Oke. Saya ke sana.
오케이. 내가 그곳으로 갈게요.

어휘공부

kelihatannya ~처럼 보이다

Kelihatannya dia sakit.

그는 아파 보입니다.

terburu-buru 급히, 서둘러서

mendarat 착륙하다

Pesawat itu tidak dapat mendarat di bandara karena kabut sangat tebal.

안개가 심해서 항공기가 공항에 착륙할 수 없습니다.

transit 경유하다

langsung 직접, 곧바로

kebetulan 우연히

nanti 이따가, 기다리다

nanti dulu 잠깐만

meninggalkan ~를 떠나다

cuaca 날씨

prakiraan cuaca 일기예보

buruk 나쁜, 좋지 않은

문법설명

1 자동사와 타동사

자동사는 대개 접두사 ber-가 붙고, 타동사는 대개 접두사 me-가 붙는다. 그렇지만 많지는 않지만 어근으로만 자동사나 타동사를 이루는 경우도 있다. 접두사 ber-가 붙는 타동사도 있고, 접두사 me-가 붙는 자동사도 있다. 결국은 단어의 의미와 활용법을 제대로 숙지하는 것이 중요하다.

자동사

1. 어근으로만 이루어지는 자동사

Dia lahir di Jakarta.

그는 자카르타에서 태어났다.

Ia pindah rumah ke Pondok Indah

그는 뽄독 인다로 이사했다.

2. 접두사 ber-와 결합하는 자동사

Mr. Hong bekerja di PT. Spotec

미스터 홍은 스포텍에서 일한다.

Boleh saya bertanya?

질문해도 되겠습니까?

3. 접두사 me-와 결합하는 자동사

Ia menangis sepanjang malam.

그는 저녁내 울었다.

Harga barang-barang meningkat sekarang.

요즈음 물가가 오른다

타동사

1. 어근으로만 이루어지는 타동사

Mereka lebih perlu pangan daripada pakaian.

그들은 옷가지보다 식량이 더 필요하다.

Ia sudah tidak ingat lagi akan kewajibannya.

그는 자신의 임무를 더 이상 생각하지 않는다.

2. 접두사 ber-와 결합하는 타동사

Ayahnya berjual rokok di tepi jalan.

그의 아버지는 거리에서 담배장사를 한다

Orang berburu gajah untuk mendapatkan gadingnya.

사름들은 상아를 얻으려고 코끼리 사냥을 한다.

3. 접두사 me-와 결합하는 타동사

Dia membeli buku di toko buku Gramedia.

그는 그라메디아 서점에서 책을 샀다.

Ayah saya mengundang temannya ke rumah.

아버지가 친구를 집으로 초대했다.

문형연습

1. Anda kelihatannya terburu-buru.
   당신은 바빠 보입니다.

   Ya, saya harus menjemput anak saya ke sekolah.
   예, 저는 우리 아이를 데리러 학교에 가야 합니다.

2. Ke mana sekarang?
   어디 가십니까?

   Saya mau menjemput teman saya ke bandara.
   공항에 친구 마중 나가야 해요.

3. Ini pertama kalinya dia datang ke Jakarta.
   이번에 그가 처음 자카르타에 오는 것입니다.

   O, begitu.
   아, 그렇습니까?

4. Jam berapa pesawatnya mendarat?
   비행기가 몇 시에 도착합니까?

   Pesawat mendarat pukul 8 malam.
   비행기는 밤 열시에 도착합니다.

5. Apakah pesawatnya transit dulu?
   비행기가 어디를 경유하나요?

   Tidak. Pesawatnya langsung dari Seoul ke Jakarta.
   아닙니다. 비행기는 서울-자카르타 직항입니다.

6. Bolehkah saya ikut?

내가 따라가도 돼요?

Tentu saja boleh. Kebetulan, saya jadi ada teman di jalan.

물론이지요. 어쩌다보니 친구가 생겼네요.

7. Tapi kita naik busnya dari mana?

그런데 우리는 버스를 어디에서 탑니까?

Dari Pasar Minggu, kita naik bus ke bandara.

빠사르 밍구에서 버스를 타고 공항으로 가요.

8. Di mana kita sekarang?

우리는 지금 어디에 와있습니까?

Kita sudah berada di terminal kedatangan internasional.

우리는 이미 국제선 입국장에 와 있습니다.

9. Kira-kira pesawat Korean Airlines berangkat dari Seoul jam berapa?

대한항공이 서울에서 몇 시쯤에 출발합니까?

Dari bandara Incheon berangkat jam 3.00 sore.

인천공항에서 오후 세 시에 출발해요.

10. Kalau begitu, pesawat itu mendarat di Jakarta pukul berapa?

그럼 비행기가 공항에 몇 시에 도착합니까?

Sampai Jakarta sekitar jam 8 malam.

자카르타에 밤 여덟시에 도착해요.

반복학습

I. Saya mau menjemput teman saya siang ini.

나는 오늘 낮에 내 친구를 마중 나가려고 합니다.

1. (Siti)

Siti mau menjemput teman saya siang ini.

시띠는 오늘 낮에 내 친구를 마중 나갑니다.

2. (akan)

Siti akan menjemput teman saya siang ini.

시띠는 오늘 낮에 내 친구를 마중 나갈 것입니다.

3. (mengantar)

Siti akan mengantar teman saya siang ini.

시띠는 오늘 낮에 내 친구를 데려다 줄 것입니다.

4. (nanti malam)

Siti akan mengantar teman saya nanti malam.

시띠는 오늘 밤에 내 친구를 데려다 줄 것입니다.

II. Ini pertama kalinya dia datang ke Jakarta.

이번에 그가 처음 자카르타에 오는 것입니다.

1. (kali kedua)

Ini kali kedua dia datang ke Jakarta.

이번에 그가 두 번째로 자카르타에 오는 것입니다.

2. (teman saya)

Ini kali kedua teman saya datang ke Jakarta.

이번에 내 친구가 두 번째로 자카르타에 오는 것입니다.

3. (adik saya)

Ini kali kedua adik saya datang ke Jakarta.

이번에 내 동생이 두 번째로 자카르타에 오는 것입니다.

4. (berkunjung)

Ini kali kedua adik saya berkunjung ke Jakarta.

이번에 내 동생이 두 번째로 자카르타에 방문하는 것입니다.

III. Jam berapa pesawatnya mendarat di bandara?

비행기가 공항에 몇 시에 도착합니까?

1. (pukul)

Pukul berapa pesawatnya mendarat di bandara?

비행기가 공항에 몇 시에 도착합니까?

2. (pesawat Garuda)

Pukul berapa pesawat Garuda mendarat di bandara?

가루다 비행기가 공항에 몇 시에 도착합니까?

3. (tiba)

Pukul berapa pesawat Garuda tiba di bandara?

가루다 비행기가 공항에 몇 시에 도착합니까?

4. (di Surabaya)

Pukul berapa pesawat Garuda tiba di Surabaya?

가루다 비행기가 수라바야에 몇 시에 도착합니까?

IV. Kita sudah berada di terminal kedatangan internasional.

우리는 이미 국제선 입국장에 와 있습니다.

1. (kami)

   Kami sudah berada di terminal kedatangan internasional.

   우리는 이미 국제선 입국장에 와 있습니다.

2. (sampai)

   Kami sudah sampai di terminal kedatangan internasional.

   우리는 이미 국제선 입국장에 도착했습니다.

3. (keberangkatan)

   Kami sudah sampai di terminal keberangkatan internasional.

   우리는 이미 국제선 출국장에 도착했습니다.

4. (dalam negeri)

   Kami sudah sampai di terminal keberangkatan dalam negeri.

   우리는 이미 국내선 출국장에 도착했습니다.

V. Sebentar lagi teman Anda akan sampai di Jakarta.

잠시 후 당신 친구가 자카르타에 도착하겠네요.

1. (dua jam lagi)

   Dua jam lagi teman Anda akan sampai di Jakarta.

   두 시간 후 당신 친구가 자카르타에 도착하겠네요.

2. (teman saya)

   Dua jam lagi teman saya akan sampai di Jakarta.

   두 시간 후 내 친구가 자카르타에 도착하겠네요.

3. (tiba)

Dua jam lagi teman saya akan tiba di Jakarta.

두 시간 후 내 친구가 자카르타에 도착하겠네요.

4. (Bali)

Dua jam lagi teman saya akan tiba di Bali.

두 시간 후 내 친구가 발리에 도착하겠네요.

확인학습

I. 다음 단어를 배열하여 주어진 의미가 되도록 문장을 완성하시오.

1. 바빠 보입니다.
   (kelihatannya, terburu-buru)

2. 이따 낮에 친구 마중 나가야 합니다.
   (teman saya, siang inisaya, mau menjemput)

3. 이번은 그가 처음 자카르타에 오는 것입니다.
   (Jakarta, ini, dia, datang ke, pertama kalinya)

4. 비행기가 몇 시에 착륙합니까?
   (berapa, pesawatnya, jam, mendarat)

5. 항공기는 서울-자카르타 직항입니다.
   (langsung, dari Seoul, pesawatnya, ke Jakarta)

6. 우연히 중간에 친구가 생겼네요.
   (jadi, ada teman, kebetulan, saya, di jalan)

7. 그런데 우리는 버스를 어디에서 탑니까?
    (tapi, dari mana, kita, naik busnya)

8. 우리는 이미 국제선 입국장에 와 있습니다.
    (kita, di terminal, sudah berada, kedatangan internasional)

9. 대한항공이 서울에서 몇 시 쯤에 출발합니까?
    (kira-kira, berangkat, dari Seoul, pesawat Korean Airlines, jam berapa)

10. 기상 상황만 괜찮으면 대체적으로 연착되지는 않습니다.
    (biasanya, cuaca buruk, tidak terlambat, kalau, tidak ada)

제20과 새 친구

TEMAN BARU

20

본문

Dong Hoon : Barangkali Anda menunggu saya? Nama saya, Kim Dong Hoon dari Seoul.
혹시 저를 기다립니까? 나는 서울에서 온 김동훈입니다

Amelia : Iya. Saya menunggu Kim Dong Hoon dari Seoul. Saya di sini bersama Kim Yoon Ji.
예, 저는 서울에서 오는 김동훈 씨를 기다립니다. 김윤지 씨와 같이 왔습니다.

Dong Hoon : Oh, ya? Saya baca nama saya di sini.
아, 그래요? 여기 있는 제 이름을 읽었습니다.

Amelia : Iya, saya sengaja menuliskan nama Anda di sini. Maklum, saya kan belum kenal Anda. Apalagi, di tengah keramaian seperti ini.
예, 제가 일부러 당신 이름을 여기 적었습니다. 저는 아직 당신을 모르잖아요. 이렇게 복잡한 상황에서는 말할 것도 없고요.

Amelia : Yoon Ji!
윤지!

Yoon Ji : Perkenalkan, ini Amelia teman saya. Dia banyak membantu saya waktu saya di sini.
소개하겠습니다. 이 사람은 내 친구 아멜리아입니다. 제가 여기 있는 동안에 나를 많이 도와주었습니다.

Amelia : Amelia Kusuma! Panggil saja, Amelia.
아멜리아 꾸수마입니다. 아멜리아라고 불러주세요.

Dong Hoon : Dong Hoon.
동훈입니다.

Amelia : Saya dan Yoon Ji belum lama bersahabat. Akan tetapi kami sudah seperti saudara. Yoon Ji, orangnya baik dan menyenangkan.
저와 윤지는 안지 오래되지 않았습니다. 하지만 벌써 자매 같아요. 윤지는 친절하고 사람을 즐겁게 해줘요.

Dong Hoon : Iya, betul, Yoon Ji memang begitu.
예, 그래요. 윤지 원래 그렇지요.

Amelia : Anda di sini mau belajar di BIPA?
이곳 어학연수원에서 공부할 건가요?

Dong Hoon : Betul.
맞아요.

Amelia : Sudah bagus bahasa Indonesianya?
인도네시아어 이미 잘 하는데요.

Dong Hoon : Sedikit. Apa kabar? Nama saya Dong Hoon…
조금 합니다. 안녕하세요? 제 이름은 동훈입니다....이런 정도요.

Amelia : Itu sudah bagus. Nanti, setelah belajar di BIPA akan lebih bagus lagi bahasa Indonesianya.
이미 잘 하네요. 이따 BIPA에서 공부하고 나면 더욱 잘 할 수 있을 거예요.

Dong Hoon : Terima kasih.
감사합니다.

****

Yoon Ji : Amelia, Kita pulang bagaimana?
아멜리아, 우리 어떻게 돌아가지요?

Amelia : Bagaimana kalau kita naik taksi saja?
택시 타고 갈까요?

Yoon Ji : Boleh. Bagaimana cara memesan taksi?
좋아. 택시를 어떻게 예약하는 것입니까?

Amelia : Dari sini kita jalan ke sana. Kira-kira seratus meter. Nah, di sana nanti ada loket taksi.
여기에서 저기까지 걸어가요. 100 미터 정도요. 그곳에 택시 창구가 있어요.

Amelia : Baik, kalau begitu. Ongkos dari bandara ke Depok berapa?
그렇다면 좋아요. 공항에서 데뽁까지 요금이 얼마 정도이지요?

Yoon Ji : Ongkos taksi dari bandara ke Depok kira-kira Rp100.000 sampai Rp120.000.
대략 10만에서 12만 루삐아 나올거예요.

Amelia : Baik, kalau begitu.
그렇다면 좋아요.

Yoon Ji : Ya, sudah. Ayo kita ke sana. Nanti, Saya duduk di depan. Anda dan Kim Dong Hoon duduk di belakang, saja. Nah, barang-barang Kim Dong Hoon nanti kita taruh di bagasi.
그래, 됐어요. 저쪽으로 가요. 이따 내가 앞에 앉을게요. 당신과 김동훈 씨가 뒤에 앉도록 해요. 김동훈 씨 짐은 짐칸에 놓기로 하지요.

Amelia : Baik, ayo, kita ke sana sekarang.
좋아. 자, 저쪽으로 가요.

어휘공부

maklum 알다, 인지하다, 이해하다

pulang maklum kepada ~의 판다에 맡기다

apalagi 더욱이, ~은 말할 것도 없고

Ia tidak bisa berbahasa Inggris, apalagi bahasa Indonesia.

그는 영어를 할 줄 모릅니다. 인도네시아어는 말할 것도 없고요.

memperkenalkan 소개하다

bersahabat 친구관계인, 친절한

Tengsoe sangat bersahabat.

뗑수는 매우 친절하다.

menyenangkan 즐겁게 해주다

memesan 주문하다, 예약하다

kira-kira 대략, 아마도

loket 카운터, 창구

BIPA (Bahasa Indonesia untuk Penutur Asing) 외국인을 위한 인도네시아어 과정

ongkos 비용

makan ongkos 비용이 들다

bagasi 짐, 수하물, 화물선반

문법설명

1 전치사와 전치사구의 활용

인도네시아어의 다양한 전치사나 전치사구를 정리해보면 다음과 같다.

1. di (장소를 나타내는 명사 앞에 쓰여서) ~에

Mereka duduk-duduk di bawah pohon kelapa.
그들은 야자수 밑에 앉아있다.

Siti sedang belajar di dalam kamarnya.
시띠는 지금 그의 방에서 공부한다.

2. ke (장소를 나타내는 명사 앞에 쓰여서) ~로, ~에(이동방향을 포함)

Saya ingin pergi ke Danau Toba.
나는 또바 호수에 가고 싶다.

Ibu pergi ke pasar tadi pagi.
어머니는 오늘 아침에 시장에 가셨다.

3. dari (장소를 나타내는 명사 앞에 쓰여서) ~로부터, ~에서

Maman berasal dari Cirebon.
마만은 찌레본 출신이다.

Herman Mellema keluar dari kamarnya.
헤르만 멜레마는 그의 방에서 나왔다.

4. kepada (사람을 나타내는 명사 앞에 쓰여서) ~에게

Dia mengirim surat kepada ibunya.
그는 어머니께 편지를 보냈다.

Pak guru memberi masehat kepada murudnya.
선생님이 학생에게 충고했다.

5. pada (시각이나 요일, 날짜 앞이나, 사람 앞에 쓰여서) ~에

Saya makan sarapan pagi pada pukul enam pagi.
나는 아침 여섯시에 조반을 먹는다.

Kakak saya pergi ke Surabaya pada hari Selasa depan.
나의 형은 다음 화요일에 수라바야에 간다.

Dokumen itu ada pada saya sekarang.
그 서류는 지금 나한테 있다.

6. untuk, guna, bagi, demi, buat ~을 위하여

Kado ini untukmu.
이 선물은 네 것이다.

Sdr. Kim pergi ke Jakarta guna melanjutkan studinya.
김 군은 자카르타로 유학 갔다.

Panitia menyediakan hadiah bagi pemenang pertama.
위원회에서 1등을 위한 상을 준비했다.

Saudara sekalian harus belajar keras demi hari depannya.
여러분들은 미래를 위하여 열심히 공부해야 한다.

Buat sementara ini, saya tidak akan masuk kerja.
당분간 나는 출근하지 않을 것이다.

7. depan, hadapan, muka, (장소를 나타내는 명사 앞에 쓰여서) ~ 앞에

Dia berhenti di depan kantor pos.
그는 우체국 앞에 멈췄다.

Jangan membuat malu di hadapan orang banyak.
많은 사람 앞에서 창피를 주지 마시오.

Dia menunggu saya di muka kantor saya.
그는 내 사무실 앞에서 나를 기다렸다.

8. belakang (장소를 나타내는 명사 앞에 쓰여서) ~ 뒤에

Ia bersembunyi di belakang pintu.

그는 문 뒤에 숨었다.

9. antara ~사이에

Anaknya berjalan di antara ayah dan ibu.

아이가 아버지와 어머니 사이에서 걸어간다.

10. dengan 동반관계, 도구, 동급 등의 의미를 가진다.

Ia pergi ke Jerman dengan keluarganya.

그는 가족과 함께 독일에 갔다.

Saya masuk kerja dengan mobil.

나는 자가용으로 출근한다.

Pak Tommy sama ganteng dengan Pak Ibnu.

또미 선생님은 입누 선생님과 같이 잘 생겼다.

11. tentang, mengenai, akan, terhadap ~에 관하여

Mereka berbicara tentang acara malam Minggu ini.

그들은 이번 주말의 계획에 대하여 이야기했다.

Pembicaraan mengenai pembentukan panitia ditunda sampai besok malam.

위원회 구성에 관한 토의가 내일로 연기되었다.

Akan hal itu, kita bicarakan nanti saja.

그 문제에 대하여는 다음에 이야기합시다.

Pimpinan perusahaan mengambil tindakan tegas terhadap setiap penyelewengan.

회사 지도층은 모든 일탈행위에 대하여 단호한 조치를 취했다.

12. seperti, sebagaimana ~처럼

Annelies cantik seperti bidadari.

아넬리스는 선녀처럼 예쁘다.

Sebagaimana dikatakan tadi, perkataan 'Anda' mulai dipakai sejak tahun 1957.

아까 이야기한 바와 같이 'Anda'라는 단어는 1957년부터 사용되기 시작했다.

문형연습

1. Apakah Anda menunggu saya?
   당신은 저를 기다립니까?

   Iya. Saya menunggu Kim Dong Hoon dari Seoul.
   예, 저는 서울에서 오는 김동훈 씨를 기다립니다.

2. Saya di sini bersama Kim Yoon Ji.
   김윤지 씨와 같이 있습니다.

   O, begitu. Di mana Kim Yoon Ji?
   아, 그래요. 김윤지는 어디 있습니까?

3. Saya baca nama saya di sini.
   저는 여기 있는 제 이름을 읽었습니다.

   Saya sengaja menuliskan nama Anda di sini, karena saya belum kenal Anda.
   제가 당신을 모르기 때문에 제가 일부러 당신 이름을 여기 적었습니다.

4. Perkenalkan, ini Amelia teman saya.
   소개하겠습니다. 이 사람은 내 친구 아멜리아입니다.

   Saya senang bertemu dengan Anda.
   만나게 되어 반갑습니다.

5. Dia banyak membantu saya waktu saya di sini.
   제가 여기 있는 동안에 그가 나를 많이 도와주었습니다.

   O, begitu. Saya mengucapkan terima kaish.
   아, 그렇습니까. 감사의 말씀을 드립니다.

6. Amelia Kusuma! Panggil saja, Amelia.
아멜리아 꾸수마입니다. 아멜리아라고 불러주세요.

Oke, Amelia. Senang beremu dengan Anda.
그래요, 아멜리아. 만나서 반가워요.

7. Sudah bagus bahasa Indonesianya?
인도네시아어 이미 잘 하는데요.

Terima kasih.
감사합니다.

8. Nanti, setelah belajar di BIPA akan lebih bagus lagi bahasa Indonesianya.
이따 BIPA에서 공부하고 나면 더욱 잘 할 수 있을 것입니다.

Terima kasih. Saya akan belajar keras.
감사합니다. 열심히 공부할게요.

9. Amelia, kita pulang bagaimana?
아멜리아, 우리 어떻게 돌아가지요?

Bagaimana kalau kita naik taksi saja?
택시 타고 갈까요?

10. Ongkos dari bandara ke Depok berapa?
공항에서 데뽁까지 요금이 얼마 정도이지요?

Ongkos taksi dari bandara ke Depok kira-kira Rp100.000 sampai Rp120.000.
공항에서 데뽁까지 택시비는 대략 10만에서 12만 루삐아가 될 것입니다.

반복학습

I. Apakah Anda menunggu saya di dalam kelas?

당신은 나를 교실 안에서 기다렸습니까?

1. (benarkah)

Benarkah Anda menunggu saya di dalam kelas?

당신이 나를 교실 안에서 기다린 것이 사실입니까?

2. (dia)

Benarkah dia menunggu saya di dalam kelas?

그가 나를 교실 안에서 기다린 것이 사실입니까?

3. (teman saya)

Benarkah dia menunggu teman saya di dalam kelas?

그가 내 친구를 교실 안에서 기다린 것이 사실입니까?

4. (depan pintu)

Benarkah dia menunggu teman saya di depan pintu?

그가 내 친구를 문 앞에서 기다린 것이 사실입니까?

II. Saya di sini bersama Kim Yoon Ji sekarang.

나는 지금 여기에 김윤지와 같이 있습니다.

1. (kakak saya)

Kakak saya di sini bersama Kim Yoon Ji sekarang.

내 형은 지금 여기에 김윤지와 같이 있습니다.

2. (di sana)

Kakak saya di sana bersama Kim Yoon Ji sekarang.

내 형은 지금 거기에 김윤지와 같이 있습니다.

3. (Agga)

Kakak saya di sana bersama Agga sekarang.

내 형은 지금 거기에 아가와 같이 있습니다.

4. (saat ini)

Kakak saya di sana bersama Agga saat ini.

내 형은 지금 거기에 아가와 같이 있습니다.

III. Saya sengaja menuliskan nama Anda di sini.

제가 일부러 당신 이름을 여기 적었습니다.

1. (Tengsoe)

Tengsoe sengaja menuliskan nama Anda di sini.

뗑수가 일부러 당신 이름을 여기 적었습니다.

2. (menyebut)

Tengsoe sengaja menyebut nama Anda di sini.

뗑수가 일부러 당신 이름을 여기에서 언급했습니다.

3. (nama saya)

Tengsoe sengaja menyebut nama saya di sini.

뗑수가 일부러 내 이름을 여기에서 언급했습니다.

4. (di dalam kelas)

Tengsoe sengaja menyebut nama saya di dalam kelas.

뗑수가 일부러 내 이름을 교실 안에서 언급했습니다.

IV. Dia banyak membantu saya waktu saya di sini.

제가 여기 있는 동안에 그가 나를 많이 도와주었습니다.

1. (teman saya)

Teman saya banyak membantu saya waktu saya di sini.

제가 여기 있는 동안에 내 친구가 나를 많이 도와주었습니다.

2. (betul-betul)

Teman saya betul-betul membantu saya waktu saya di sini.

제가 여기 있는 동안에 그가 나를 많이 도와주었습니다.

3. (menemani)

Teman saya betul-betul menemani saya waktu saya di sini.

제가 여기 있는 동안에 그가 나와 많이 동행해주었습니다.

4. (di Jakarta)

Teman saya betul-betul menemani saya waktu saya di Jakarta.

제가 자카르타에 있는 동안에 그가 나와 많이 동행해주었습니다.

V. Nanti, setelah belajar di BIPA akan lebih bagus lagi bahasa Indonesianya.

이따 BIPA에서 공부하고 나면 더욱 잘 할 수 있을 것입니다.

1. (kemudian)

Kemudian, setelah belajar di BIPA akan lebih bagus lagi bahasa Indonesianya.

이따 BIPA에서 공부하고 나면 더욱 잘 할 수 있을 것입니다.

2. (sesudah)

Kemudian, sesudah belajar di BIPA akan lebih bagus lagi bahasa Indonesianya.

이때 BIPA에서 공부하고 나면 더욱 잘 할 수 있을 것입니다.

3. (di Pusat Bahasa)

Kemudian, sesudah belajar di Pusat Bahasa akan lebih bagus lagi bahasa Indonesianya.

이때 언어센터에서 공부하고 나면 더욱 잘 할 수 있을 것입니다.

4. (lancar)

Kemudian, sesudah belajar di Pusat Bahasa akan lebih lancar lagi bahasa Indonesianya.

이때 언어센터에서 공부하고 나면 더욱 잘 할 수 있을 것입니다.

확인학습

I. 다음 단어를 배열하여 주어진 의미가 되도록 문장을 완성하시오.

1. 당신은 저를 기다립니까?

   (apakah, saya, Anda, menunggu)

2. 김윤지 씨와 같이 있습니다.

   (saya, bersama, Kim Yoon Ji, di sini)

3. 저는 여기 있는 제 이름을 읽었습니다.

   (baca, nama saya, saya, di sini)

4. 제가 일부러 당신 이름을 여기 적었습니다.

   (saya, nama Anda, di sini, sengaja, menuliskan)

5. 저는 아직 당신을 모르잖아요.

   (Anda, saya, kan, belum kenal)

6. 이렇게 복잡한 상황에서는 말할 것도 없습니다.

   (keramaian, apalagi, di tengah, seperti ini)

7. 그는 제가 여기 있는 동안에 나를 많이 도와주었습니다.

(dia, saya, waktu saya, di sini, banyak membantu)

8. 인도네시아어 이미 잘 하는데요.

(bahasa Indonesianya, sudah, bagus)

9. 이따 어학연수원에서 공부하고 나면 더욱 잘 할 수 있을 것입니다.

(nanti, akan lebih bagus lagi, setelah belajar, bahasa Indonesianya, di BIPA)

10. 공항에서 데뽁까지 택시비는 대략 10만에서 12만 루삐아가 될 것입니다.

(ongkos taksi, kira-kira Rp100.000, dari bandara ke Depok, sampai Rp120.000)

정답

제1과 여행사에서

DI BIRO PERJALANAN

1. Ada yang bisa saya bantu?
2. Saya mau bertanya berapa biaya perjalanan dari Jakarta ke Singapura.
3. Harganya mulai dari 550 sampai 700 dolar.
4. Tolong dirupiahkan.
5. Fasilitas apa saja yang akan saya dapat?
6. Kalau saya mau ke tempat wisata, tiketnya saya beli sendiri?
7. Bapak akan mendapatkan diskon sebesar 20%.
8. Saya cocok dengan tanggal itu.
9. Saya pesan untuk empat orang.
10. Permintaan Bapak akan saya proses.

제2과 병원 진료

PEMERIKSAAN DOKTER

1. Perut saya mual, ingin muntah
2. Coba saya periksa sebentar.
3. Tidak serius dan tekanan darah normal.
4. Mungkin Anda kelelahan karena kurang beristirahat.
5. Beristirahatlah sekitar satu sampai dua hari ini.
6. Kalau ada masalah lagi, datang ke sini.
7. Semoga lekas sembuh.

8. Tidak terlalu serius.
9. Hanya kurang istirahat saja.
10. Ayo, kita beli obat ke apotek.

제3과 금달팽이 아이맥스 영화관에서
DI TEATER IMAX KEONG EMAS

1. Bagaimana kalau sekarang kita menonton film saja?
2. Memangnya di dalam Taman Mini ada bioskop?
3. Di sini tidak ada bioskop.
4. Teater Keong Emas adalah tempat pemutaran film untuk memperkenalkan kekayaan alam.
5. Ada film apa saja di sana?
6. Selain itu juga ada film yang diimpor dari luar negeri bertemakan pendidikan.
7. Wah, seru sekali.
8. Kalau begitu, ayo kita nonton film itu.
9. Berapa harga tiketnya?
10. Kalau begitu, ayo kita ke sana.

제4과 호텔 인도네시아 원형교차로에서
DI BUNDARAN HOTEL INDONESIA

1. Sekarang kita sudah sampai di Bundaran HI.
2. Apa itu Bundaran HI?
3. Bundaran HI adalah Bundaran Hotel Indonesia karena letaknya tepat di depan Hotel Indonesia.
4. Anda tahu tidak Hotel Indonesia dibuat tahun berapa?

5. Tidak tahu. Memangnya tahun berapa?
6. Hotel Indonesia diresmikan pada tahun 1962 oleh presiden pertama Indonesia.
7. Hotel Indonesia merupakan hotel pertama termegah yang dibangun di kawasan Asia Tenggara.
8. Kalau yang di belakang kamu itu patung apa namanya?
9. Kenapa dinamakan Monumen Selamat Datang?
10. Sekarang Monumen Selamat Datang berfungsi sebagai ucapan selamat datang di kota Jakarta.

제5과 마차 타기

NAIK ANDONG

1. Capai sekali jika kita berjalan kaki.
2. Itu angkutan umum yang ditarik kuda.
3. Di Yogyakarta disebut andong.
4. Berapa sewa andongnya keliling Monas?
5. Kudanya galak tidak?
6. Tenang saja. Dia jinak.
7. Kamu boleh coba jadi sais.
8. Boleh saya coba?
9. Tali kendalinya jangan ditarik.
10. Kalau mau belok kiri, tali kendali yang kiri ditarik sedikit.

제6과 편의점에 들르다

MAMPIR DI TOKO SERBA ADA

1. Bagaimana kalau habis ini kita mampir dulu di toko serba ada?
2. Memang mau membeli apa?
3. Saya mau membeli oleh-oleh untuk kakek dan nenek.
4. Mereka tinggal di mana sekarang?
5. Rumah mereka tidak jauh dari Kebun Raya Bogor.
6. Jadi, sebelum pulang kita mampir dulu di Bogor.
7. Mau membayar dengan kartu kredit atau membayar kontan?
8. Aku bayar pakai kartu kredit saja.
9. Sudah selesai membeli oleh-olehnya?
10. Tidak ada yang perlu dibeli lagi?

제7과 바띡 무역

DAGANG BATIK

1. Saya adalah manajer dari Perusahaan Batik Kencana di Pekalongan.
2. Hari ini saya membawa beberapa contoh baju batik yang akan diekspor ke Korea.
3. Saya yakin masyarakat Korea juga akan menyukainya.
4. Saya sangat senang mendengarnya.
5. Kapan batik-batik dari Pekalongan ini bisa mulai diekspor ke Korea?
6. Saya pikir awal Februari adalah waktu yang tepat untuk memulai bisnis ini.
7. Jadi, berapa potong pakaian batik untuk pengiriman pertama?
8. Saya akan mengirimkan 10 ribu potong pakaian batik untuk pria dan wanita dengan berbagai motif dan ukuran.
9. Semoga bisnis kita berjalan dengan lancar.
10. Itulah harapan kita.

제8과 위스마 마까라에 묵다

MENGINAP DI WISMA MAKARA

1. Selamat datang di Wisma Makara.
2. Ada yang bisa saya bantu?
3. Apakah masih ada kamar kosong?
4. Untuk berapa malam?
5. Ini dia daftar harganya.
6. Kamar yang standar saja.
7. Bisa saya lihat Kartu Tanda Penduduk atau kartu identitas lainnya?
8. Saya catat dulu.
9. Ini kunci kamarnya.
10. Jika ada hal yang ingin diperlukan, bisa hubungi petugas.

제9과 건강관리

MENJAGA KESEHATAN

1. Bagaimana kabar kesehatan Anda?
2. Sekarang rasanya lebih segar.
3. Perut juga sudah tidak mual lagi.
4. Terima kasih karena sudah mengantar saya ke dokter.
5. Sekarang Anda harus jaga kesehatan.
6. Jangan begadang sampai larut malam.
7. Akan saya ingat nasihat Anda.
8. Bagaimana kalau kita pergi ke tempat kebugaran di Universitas Indonesia?
9. Besok pagi pukul 08.00 saya akan jemput Anda
10. Olahraga itu bagus untuk kesehatan.

제10과 옷가게에서

DI TOKO BUSANA

1. Mau cari baju model apa?
2. Di sini semuanya baju remaja.
3. Apakah di sini ada kebaya?
4. Kulit Anda cocok dengan warna ini.
5. Anda terlihat lebih cantik.
6. Kalau baju yang ini harganya berapa?
7. Di sini semuanya harga pas.
8. Saya ambil yang ini saja.
9. Kalau begitu saya bungkus dulu.
10. Pembayarannya silakan di kasir.

제11과 민속촌의 지방문화관

Anjungan Daerah Taman Mini Indonesia Indah

1. Sekarang kita sudah sampai di anjungan daerah.
2. Anjungan daerah adalah bangunan-bangunan rumah adat yang bercirikan arsitektur tradisional khas daerah di Indonesia.
3. Apakah ini semua adalah rumah adat Indonesia?
4. Bangunan-bangunan di sini dibuat sesuai dengan aslinya, baik ukuran maupun hiasannya.
5. Anjungan daerah ini juga dibangun berderet mengelilingi danau miniatur kepulauan Indonesia.
6. Di dalam rumah-rumah adat itu ada apa saja?
7. Apakah kita boleh masuk dan melihat-lihat ke dalam?
8. Bangunan dan rumah adat ini juga digunakan sebagai tempat pameran.

9. Kalau begitu dengan mengelilingi anjungan ini sama seperti kita mengelilingi Indonesia.
10. Saya sudah tidak sabar ingin melihat rumah adat.

제12과 간이서점에서
DI KIOS BUKU

1. Bisa mengantar saya ke toko buku?
2. Di mana toko buku terdekat sini?
3. Toko buku yang besar ada di pusat perbelanjaan.
4. Apakah ada toko kecil di sini yang juga menjual buku dan majalah?
5. Saya mau mencari buku pelajaran bahasa Indonesia.
6. Bukannya Anda sudah punya buku-buku itu dari BIPA?
7. Saya juga mau membeli buku komik dan majalah.
8. Kalau begitu, kita ke kios buku saja.
9. Saya mau mencari juga majalah untuk tambahan pelajaran bahasa Indonesia.
10. Kalau majalah dan komik, Anda bisa mencari sendiri di situ.

제13과 전화번호 문의
MENANYAKAN NOMOR TELEPON

1. Kapan liburan akhir semester di FIB-UI?
2. Saya lupa tanggalnya.
3. Bisa kita bertanya di bagian administrasi FIB?
4. Kita juga bisa telepon, kok.
5. Saya juga lupa nomornya.

6. Dia biasa menjawab semua pertanyaan seputar nomor telepon dari pelanggannya.
7. Ada yang bisa kami bantu?
8. Kalau nomor telepon Fakultas Ilmu Pengetahan Budaya Universitas Indonesia berapa?
9. Silakan telepon dia.
10. Terima kasih kembali. Selamat pagi.

제14과 메단에서 온 친구

TEMAN DARI MEDAN

1. Apakah benar ini nomor Amelia?
2. Saya mau berbicara dengan Amelia.
3. Kami di Medan baik-baik saja.
4. Bagaimana kabar keluarga Anda di Medan?
5. Ada apa jauh-jauh dari Medan menelepon?
6. Aku mau mencari bahan penelitian di Perpustakaan UI.
7. Anda bisa mengantar saya ke sana?
8. Bagaimana caranya kita bertemu?
9. Dari Bandara Soekarno-Hatta, Anda naik bus Damri tujuan ke Pasar Minggu.
10. Saya dari Medan naik pesawat pertama jam enam pagi.

제15과 친구집에 들르다

MAMPIR DI RUMAH TEMAN

1. Bagaimana kalau kita mampir dulu ke rumah teman-temanku?
2. Rumahnya di mana?
3. Tidak jauh dari Kebun Raya Bogor.
4. Anda tidak apa-apa kan bertemu dengan teman-temanku?
5. Malah senang, saya bisa berkenalan dengan teman baik Anda.
6. Saya khusus datang ke sini untuk memberikan Anda oleh-oleh.
7. Tapi nanti saja oleh-olehnya ada di mobil.
8. Memangnya kalian dari mana?
9. Saya habis tamasya dari Taman Safari.
10. Kalau begitu, kita ngobrol di dalam saja yuk.

제16과 밥집에서 식사하다

MAKAN DI WARUNG TEGAL

1. Bagaimana kalau sekarang kita sarapan?
2. Biar nanti siang kita tidak lapar.
3. Kita akan makan di mana?
4. Kalau pagi begini, pilihannya bukan di restoran.
5. Terus kita makan di mana?
6. Warteg itu akronim dari warung tegal, artinya warung makan sederhana.
7. Makanannya murah meriah.
8. Anda mau pesan apa?
9. Saya mau pesan ayam goreng dan nasi.
10. Minumnya apa?

제17과 국립박물관을 방문하다
BERKUNJUNG KE MUSEUM NASIONAL

1. Ini namanya Museum Nasional atau lebih dikenal dengan Museum Gajah.
2. Kenapa disebut dengan Museum Gajah?
3. Dulu raja Thailand memberikan hadiah kenang-kenangan kepada pemerintah Indonesia berupa patung gajah itu.
4. Patung gajah itu terbuat dari apa?
5. Patung gajah itu terbuat dari perunggu.
6. Di dalam Museum Gajah ada apa saja?
7. Di dalam Museum Gajah terdapat berbagai koleksi zaman sejarah dan prasejarah.
8. Wah, menarik juga.
9. Harga tiket masuknya berapa?
10. Bagaimana kalau kita masuk sekarang?

제18과 인도네시아대학교 도서관
PERPUSTAKAAN UNIVERSITAS INDONESIA

1. Bolehkah saya bertanya?
2. Apakah benar ini kampus UI?
3. Anda mau ke mana?
4. Apakah Anda sudah tahu tempatnya?
5. Setelah melewati Fakultas Hukum, Anda belok ke kanan.
6. Kegiatan saya hari ini, khusus menemani Anda.
7. Besar sekali perpustakaan Universitas Indonesia.
8. Kabarnya, Perpustakaan UI termasuk perpustakaan terbesar di Asia Tenggara.
9. Saya mau mencari bahan kesusastraan daerah.

10. Kalau begitu, kita tanya dulu ke petugas perpustakaan, di mana tempat buku-buku tersebut berada.

제19과 공항에 친구 마중 나가기
MENJEMPUT TEMAN DI BANDARA

1. Kelihatannya terburu-buru.
2. Saya mau menjemput teman saya siang ini.
3. Ini pertama kalinya dia datang ke Jakarta.
4. Jam berapa pesawatnya mendarat?
5. Pesawatnya langsung dari Seoul ke Jakarta.
6. Kebetulan, saya jadi ada teman di jalan.
7. Tapi kita naik busnya dari mana?
8. Kita sudah berada di terminal kedatangan internasional.
9. Kira-kira pesawat Korean Airlines berangkat dari Seoul jam berapa?
10. Kalau tidak ada cuaca buruk, biasanya tidak terlambat.

제20과 새 친구
TEMAN BARU

1. Apakah Anda menunggu saya?
2. Saya di sini bersama Kim Yoon Ji.
3. Saya baca nama saya di sini.
4. Saya sengaja menuliskan nama Anda di sini.
5. Maklum, saya kan belum kenal Anda.
6. Apalagi, di tengah keramaian seperti ini.
7. Dia banyak membantu saya waktu saya di sini.

8. Sudah bagus bahasa Indonesianya.

9. Nanti, setelah belajar di BIPA akan lebih bagus lagi bahasa Indonesianya.

10. Ongkos taksi dari bandara ke Depok kira-kira Rp100.000 sampai Rp120.000.

고영훈 교수의

인도네시아어 회화 2

초판 인쇄 2018년 7월 25일
초판 발행 2018년 8월 1일

지은이 고영훈
발행인 김인철
총괄 · 기획 가정준 Director, University Knowledge Press
편집장 신선호 Executive Knowledge Contents Creator
도서편집 박현정 Contents Creator
전자책편집 이리나 e-Contents Creator
재무관리 문수진 Managing Creator
사전 · 출판 정준희 Contents Creator
마케팅 파트장 백승이 Chief Marketing Creator
마케팅 이현진 Marketing Creator
발행처 한국외국어대학교 지식출판콘텐츠원
02450 서울특별시 동대문구 이문로 107
전화 02)2173-2495~7
팩스 02)2173-3363
홈페이지 http://press.hufs.ac.kr
전자우편 press@hufs.ac.kr
출판등록 제6-6호(1969. 4. 30)
디자인 · 편집 디자인 퍼브 02)2254-4308
인쇄 · 제본 네오프린텍 02)718-3111

ISBN 979-11-5901-384-3 14730 정가 20,000원
ISBN 979-11-5901-278-5 (세트)

*잘못된 책은 교환하여 드립니다.

불법복사는 지적재산을 훔치는 범죄행위입니다.
저작권법 제136조(권리의 침해죄)에 따라 위반자는 5년 이하의 징역 또는 5천만 원 이하의 벌금에 처하거나 이를 병과할 수 있습니다.

HUiNE은 한국외국어대학교 지식출판콘텐츠원의 어학도서, 사회과학도서, 지역학 도서 Sub Brand이다. 한국외대의 영문명인 HUFS, 현명한 국제전문가 양성(International+Intelligent)의 의미를 담고 있으며, 휴인(携引)의 뜻인 '이끌다, 끌고 나가다'라는 의미처럼 출판계를 이끄는 리더로서, 혁신의 이미지를 담고 있다.

고영훈 교수의

인도네시아어 회화

2